鉴石天下系列之二

行家这样选四大奇石

青金石、琥珀、战国红、岫玉投资与鉴藏

《鉴石天下》编委会 编著

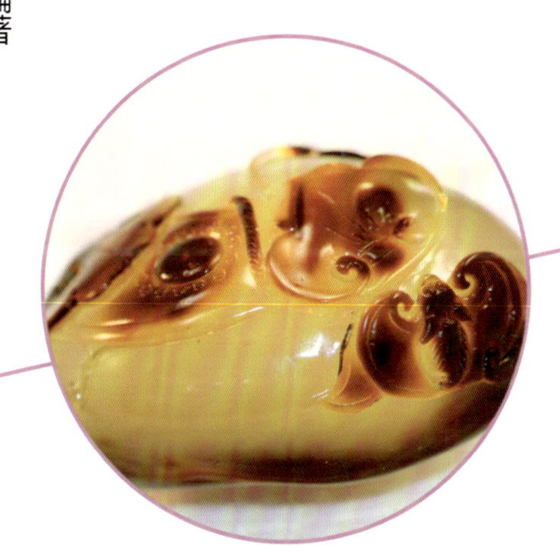

青岛出版社 QINGDAO PUBLISHING HOUSE | 国家一级出版社 全国百佳图书出版单位

图书在版编目(CIP)数据

行家这样选四大奇石 /《鉴石天下》编委会编著 . – 青岛 : 青岛出版社,
2015.3

(鉴石天下系列之二)

ISBN 978-7-5552-1440-3

Ⅰ. ①行… Ⅱ. ①鉴… Ⅲ. ①观赏型 – 石 – 投资 – 中国②观赏型 – 石 – 鉴赏 – 中国③观赏型 – 石 – 收藏 – 中国 Ⅳ. ① F724.787 ② TS933 ③ G894

中国版本图书馆 CIP 数据核字(2015)第 004648 号

行家这样选四大奇石

青金石、琥珀、战国红、岫玉投资与鉴藏

编 著 者 《鉴石天下》编委会

策　　划 中海盛嘉

出版发行 青岛出版社

社　　址 青岛市海尔路182号(266061)

本社网址 http://www.qdpub.com

邮购电话 13335059110 0532-68068820(传真) 0532-68068026

责任编辑 郭东明 程兆军 E-mail:qdgdm@sina.com

装帧设计 中海盛嘉

印　　刷 山东鸿杰印务集团有限公司

出版日期 2015年3月第1版 2015年3月第1次印刷

开　　本 16 开(787mm×1092mm)

印　　张 14

字　　数 300千

书　　号 ISBN 978-7-5552-1440-3

定　　价 79.00 元

编校质量、盗版监督服务电话 40065322017 (0532) 68068670

青岛版图书售后如发现质量问题,请寄回青岛出版社印务部调换。电话:0532-80998826

前言

Foreword

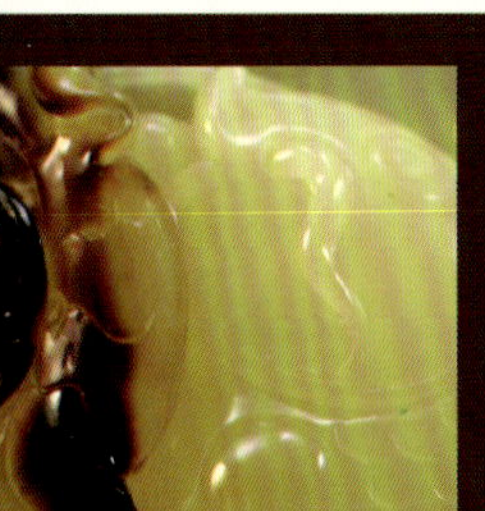

从古埃及法老图坦卡蒙的面具到清代官员的朝珠，青金石虽不像钻石那样光芒璀璨，但是在端庄中透出无限的奢华，更由于“其色如天”，受到封建社会不少帝王的青睐。除了观赏作用外，青金石还用来制作原料和药材。随着近几年珠宝热的兴起，青金石像一颗冉冉崛起的“新星”。

从古到今，人们对珠宝的喜爱不分国界不分地域，这一点在“琥珀”更显得一览无余。“曾为老茯神，本是寒松液。蚊蚋落其中，千年犹可觌。”早在唐代，诗人韦应物就用《咏琥珀》一诗道出了琥珀的来龙去脉。在罗马，“琥珀之路”还与“丝绸之路”相连，形成了将琥珀运往中国的线路。从黄珀、虫珀、花珀到蜜蜡，其价格均一路看涨，产自多米尼加的蓝珀更是贵过黄金数倍。

热络的珠宝市场也不乏新的“生力军”，产自辽宁北票的战国红玛瑙成为近年市场上的一大热点，创下了3年价格翻10倍的玛瑙史上的奇迹。战国红玛瑙色泽纹理变化多端，有红、黄、白、黑等多种颜色，具有质地坚硬、晶莹剔透、色彩艳丽、纹饰美观、造型奇特等特点。

与青金石一样，产自辽宁岫岩满族自治县的岫玉也有悠久的历史。岫玉素以单体硕大无朋著称，特别适合雕刻，岫玉雕的题材十分广泛，表现的内容丰富多彩，千姿百态，从自然到社会，从历史到现实，从神话到生活，林林总总，可谓无所不雕。

青金石、琥珀、战国红、岫玉这四种宝玉石虽然不属于同一类质地和种类，但均是近年来珠宝市场上比较热门的品种。本书汇集了这四种宝石的质地特性、鉴赏要点、真伪鉴别、选购技巧等，希望给广大珠宝爱好者提供最科学的鉴赏知识，让您在选购和投资、收藏保养的时候都能得心应手。

《鉴石天下》编委会

目录

Contents

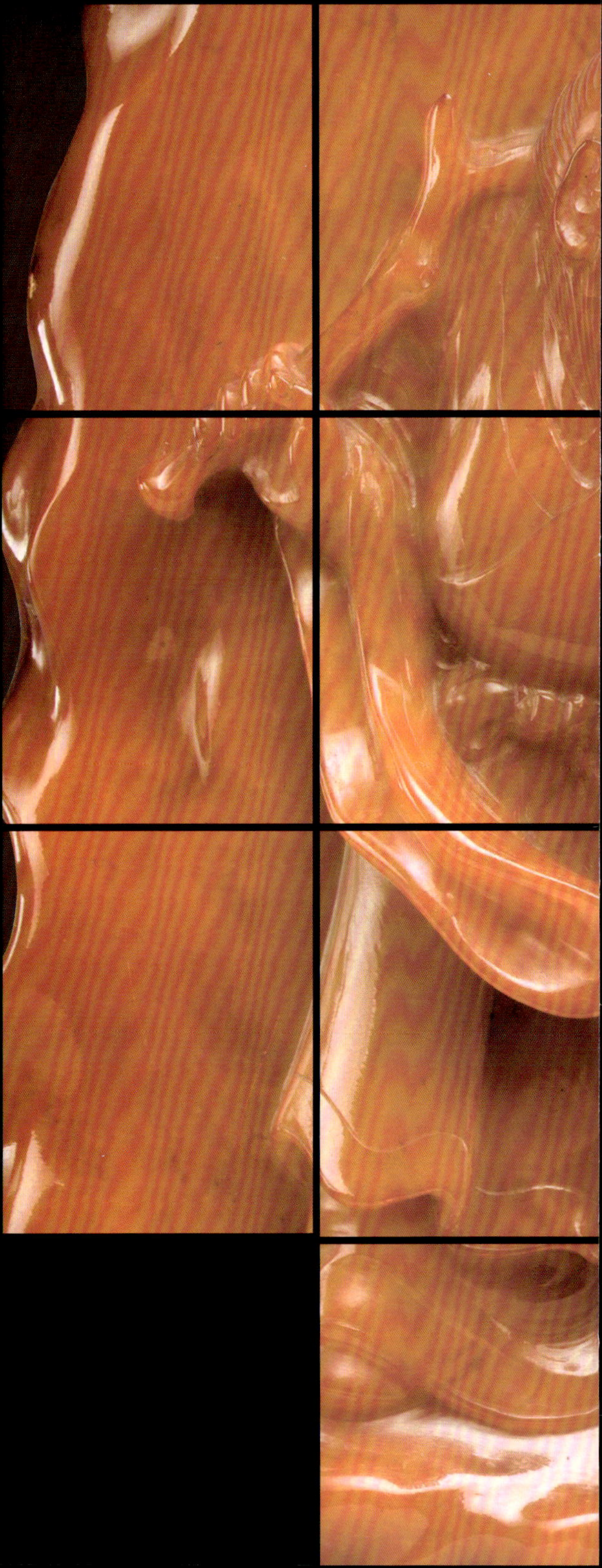

第一章

青金石，色相如天的古老精灵 8

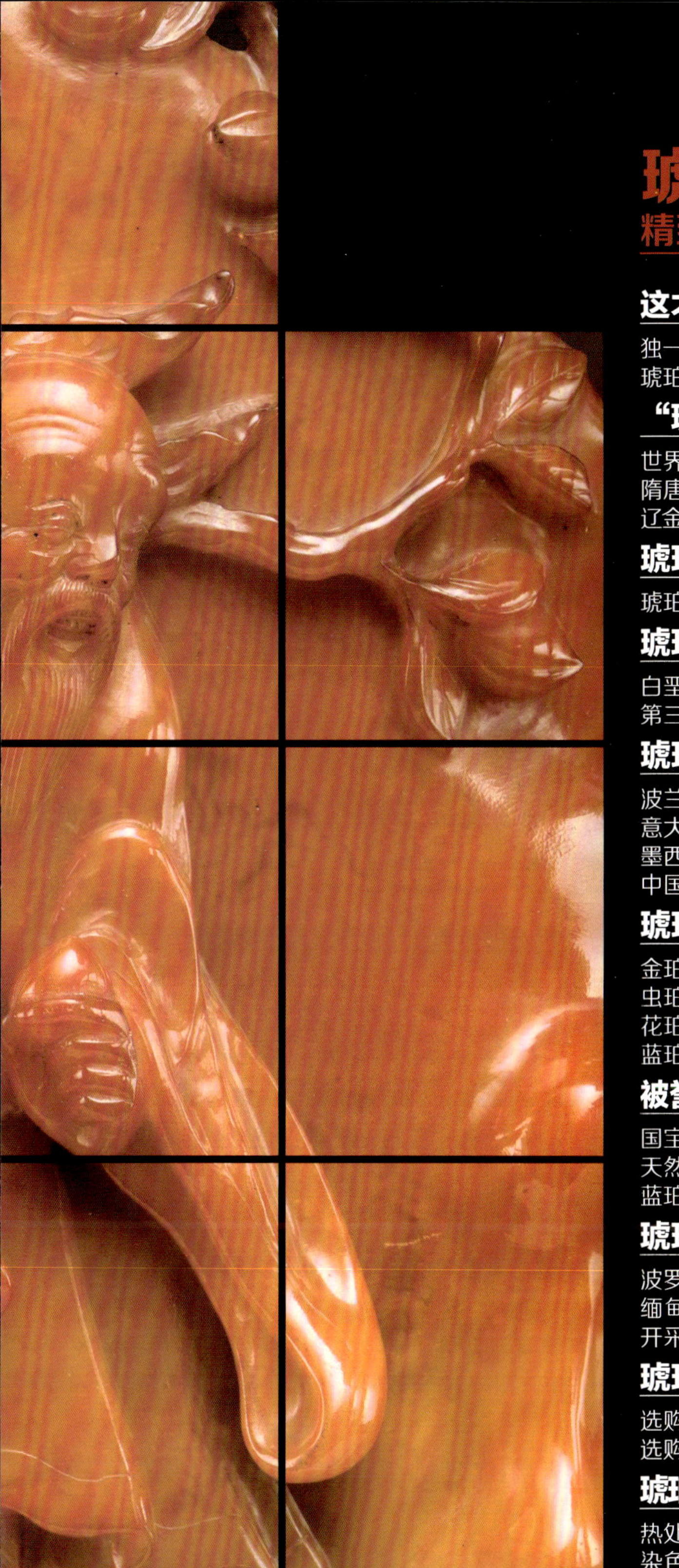

第二章

琥珀，精致的时光机器

第三章

战国红，

第四章

岫玉，

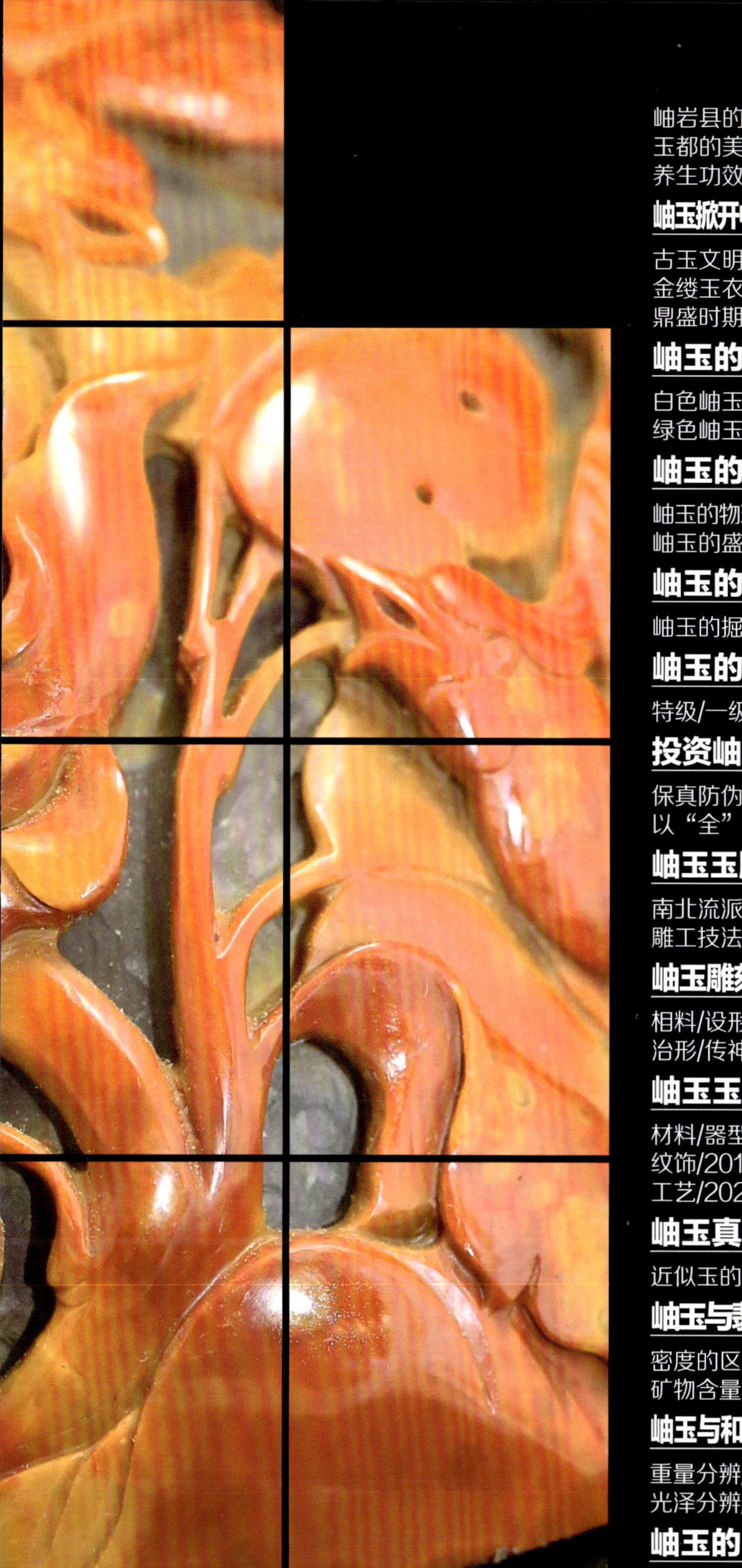

古罗马面具雕・青金石

第一章

青金石，色相如天的古老精灵

从埃及法老到中国皇帝的“最爱”

1922年11月4日，由英国考古学家霍华德·卡特尔率领的考古队进入埃及南部城市卢克索附近尼罗河西岸沙漠的帝王谷，完整发掘出图坦卡蒙法老墓。这一重大发现一经披露便震惊世界，它让现代人窥见了3000多年前古埃及法老文化的一斑。在图坦卡蒙法老墓中出土的大量奇珍异宝中，最为引人注目的，要数那件做工精美、表情哀愁但又宁静的金制面具。这个著名的黄金面罩装嵌青金石和其他宝石，重达11千克。图坦卡蒙的黄金面具和金字塔一样，成为古埃及历史和文化的象征。图坦卡蒙面具上大量青金石的使用也证明了3000多年前人们对这种宝石的喜爱。

真正的青金石

青金石的英文名称为Lapis Lazuli，翻译成中文就是“蓝色石头”的意思，其中Lipis来自拉丁文，意为石头，Lazuli是阿富汗巴达赫尚地区的波斯方言，意为蓝色。

素雅手镯·青金石

尺　　寸　直径5.8厘米

鉴石要点　颜色纯正，镯体润泽，晶体幽兰，无过多修饰，大方而简洁。

青金石在中国古代也非常受捧，古人称之为瑟瑟、璆琳、金精、瑾瑜、青黛、天青石等，佛教称为吠努离或璧琉璃。

“一道残阳铺水中，半江瑟瑟半江红。”唐代著名大诗人白居易在《暮江吟》一诗中用“瑟瑟”和“红”两种颜色来赞美在夕阳的照射下暮江细波粼粼、光色瞬息变化的景象，其中的“瑟瑟”就是青金石的蓝色。在白居易之后，晚唐诗人韦庄《乞彩笺歌》中的“留得溪头瑟瑟波，泼成纸上猩猩色”一句，也是借青金石的蓝色，形容溪水的清幽之美。

东西方文化的见证

青金石虽不像钻石那样光芒璀璨，却是在端庄中透出无限的奢华，更由于“其色如天”，受到中国封建社会不少帝王的青睐。虽然中国至今未发现青金石矿床，但是自汉代起就开始使用青金石作为饰品，其原料多是通过贸易或进贡而来，所以青金石也是东西方文化交流的见证之一。

1969年，考古工作者在徐州东汉彭城靖王刘恭墓出土了一件鎏金嵌宝兽形砚盒，高10厘米，长25厘米，重3.85千克。砚盒作怪兽伏地状，通体鎏金，盒身镶嵌有红珊瑚、绿松石和青金石。

南北朝时期，中亚地区的青金石不断传入中土。1975年，河北赞皇东魏李希宋墓发掘时，出土了一枚镶青金石的金戒指，重11.75克，所镶的青金石呈蓝灰色，上刻一鹿，周边有联珠纹。同墓中还出土了3枚东罗马金币，说明这枚镶青金石金戒指极可能来自中亚地区。

到了隋唐，中国与中亚地区的交往进一步增加，这在青金石文物上也有所反映，如1957年西安郊区的隋朝李静训墓中出土了一件颇具波斯风格的金项链，金项链上就镶有青金石。

从汉代开始，对青金石的热爱可谓伴随着封建社会的发展一路走来，至明清时期，变得更加兴盛，特别是在佛珠和朝珠原料的使用上。据清代昆冈等修订的《大清会典图考》记载："皇帝朝珠杂饰，唯天坛用青金石，地坛用琥珀，日坛用珊瑚，月坛用绿松……"

文武官员的专用宝石

除了皇帝使用外，官员的服饰和朝冠上也有青金石的佩戴。据史料记载，清代的文官和武官按照官阶的不同，分别佩戴不同图案和宝石的官服和朝冠。

文官，一品仙鹤补，朝冠顶饰东珠一颗、上衔红宝石；吉服冠用珊瑚顶；二品锦鸡补，朝冠顶饰小宝石一块，上衔镂花珊瑚，吉服冠用镂花珊瑚顶；三品孔雀补，朝冠顶饰小红宝石，上衔小蓝宝石，吉服冠用蓝宝石顶；四品云雁补，朝冠顶饰小蓝宝石，上衔青金石，吉服冠用青金石顶；五品白鹇补，朝冠顶饰小蓝宝石，上衔水晶石，吉服冠用水晶石顶；六品鹭鸶补，朝冠顶饰小蓝宝石，上顶砗磲，吉服冠用砗磲顶；七品鸳鸯补，朝冠顶饰小蓝宝石，上顶素金顶，吉服冠用素金顶；八品鹌鹑补，朝冠阴文镂花金，顶无饰；吉服冠用镂花素金顶；九品练雀补，朝冠阳文镂金顶，吉服冠用镂花素金顶。

清·佛像摆件·青金石（正侧）

尺　　寸　高10厘米

鉴石要点　造型为一四面佛，佛像面容端庄，头戴佛冠，盘腿坐在一块蒲团之上，形态独特，意境深远。

武官，一品麒麟补，朝冠顶饰东珠一颗、上衔红宝石；吉服冠用珊瑚顶；二品狮子补，朝冠顶饰小宝石一块，上衔镂花珊瑚，吉服冠用镂花珊瑚顶；三品豹子补，朝冠顶饰小红宝石，上衔小蓝宝石，吉服冠用蓝宝石顶；四品老虎补，朝冠顶饰小蓝宝石，上衔青金石，吉服冠用青金石顶；五品熊补，朝冠顶饰小蓝宝石，上衔水晶石，吉服冠用水晶石顶；六品彪补，朝冠顶饰小蓝宝石，上顶砗磲，吉服冠用砗磲顶；七品犀牛补，朝冠顶饰小蓝宝石，上顶素金顶，吉服冠用素金顶；八品犀牛补，朝冠阴文镂花金，顶无饰；吉服冠用镂花素金顶。

上述资料显示，青金石是清代四品官员朝冠的专用宝石，当时的四品官员相当于现在的正厅级。青金石虽然受到中国皇宫贵族的赏识，但因为资源较少，价格昂贵，现今传世的器物并不多见，在北京故宫博物馆收藏的两万多件清宫藏玉中，青金石雕刻品还不到100件，这从另外一个侧面说明了青金石的珍贵。

清・鼻烟壶・青金石

尺　　寸　高7厘米

鉴石要点　带盖鼻烟壶，蓝色集中成片，妖艳中透着灵瑞，金星点点，如蓝色夜空中的点点繁星。

清・松鹤延年雕笔筒・青金石

尺　　寸　高15厘米

鉴石要点　仙鹤昂首挺立在山石之上，松树郁郁葱葱，画面布局合理，图案简洁生动，意趣盎然，寓意松鹤延年，健康长寿。

清·喜鹊登梅幸福来鼻烟壶·青金石

尺　寸 高7.6厘米

鉴石要点 玛瑙壶盖，利用青金石上的“金星”壶身浮雕喜鹊登梅图案，造型精美。

清·盘龙笔筒·青金石

尺　寸 高15厘米

鉴石要点 雕工精细，力道十足，盘龙神态栩栩如生，生龙活虎，在云中腾云驾雾，十分逼真。

魑虎纹双耳瓶·青金石

尺　　寸 12厘米×18厘米

鉴石要点 瓶盖雕刻螭虎钮，肌理刻画自然，磨拢圆润，富有灵性。以圆雕技法雕刻魑虎攀附为耳，瓶身覆满饕餮、云雷纹。于正泉雕刻。

秋韵山子·青金石

尺　　寸 12厘米×10厘米

鉴石要点 石色深蓝，顶部带有金星。整体雕作山形，山石、松树、亭子形态逼真，一条石阶小路通向山顶，一老者正在山下准备过桥。山势挺拔，造型优美。

最古老的蓝色颜料

青金原石
尺　寸 16厘米×19厘米

青金石在中国的出现最初与佛教艺术的传入也是密不可分的。在佛教体系中，青金石属于“七宝”之一，其色相是佛之威严的象征。传说青金石是佛教当中药师佛的化身，而在佛教当中药师佛也叫药师如来，与日光菩萨、月光菩萨合称药师三尊。从这一点我们就可以看出药师如来在佛家中的医学地位，所以很多人都认为经常佩戴青金石饰品能够得到药师佛的庇佑，能够起到驱除病气和轻身健体的作用。在佛经中大量存在的“绀琉璃”、“琉璃”等宗教意象，即常常指向青金石。

克孜尔石窟

青金原石
尺　寸 17厘米×25厘米

在佛教艺术传入中土的第一站——位于新疆维吾尔自治区拜城县的克孜尔石窟壁画中，可以找到大量青金石色相的完美呈现。

克孜尔石窟的建造时代分为四个阶段：第一阶段为东汉后期，第二阶段为“两晋”时期，第三阶段为南北朝到隋朝时期，第四阶段为唐宋时期。

在克孜尔博物馆玻璃橱窗里陈列着一小袋当地出土的青金石粉末，它是当年从丝绸之路进口颜料中的一种，克孜尔石窟内令人目眩的宗教壁画，以及附近的库木吐拉、克孜尔尕哈、苏巴什等大大小小石窟内的壁画能保存至今，无不得益于这些来自远方的纯天然矿物质颜料。

据分析，壁画上红色的部分皆为玛瑙或朱砂描绘，绿色的部分为松石，蓝色部分为青金石，黄色部分为硫黄，这些天然的矿物质被研磨成粉末，然后调和牛骨髓熬制的胶液，配成绘画颜料，正是这些天然矿质的不褪色特征和动植物附着剂的永固性，才

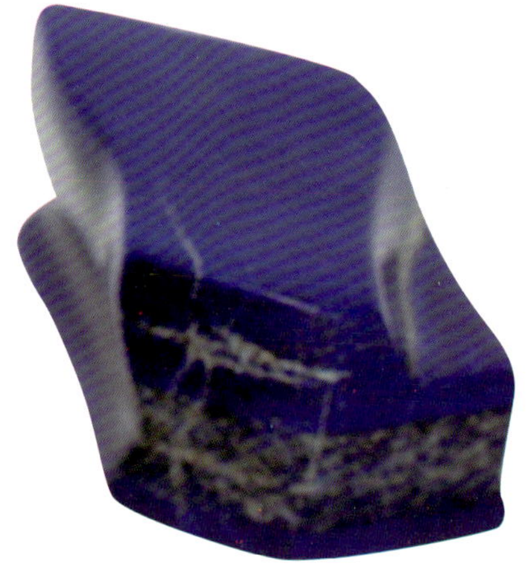

青金原石、注胶石对比
尺　　寸 6厘米×9厘米，5厘米×9厘米

使得整个深山中的艺术宝藏逾千年之后仍光芒四射，令后人啧啧称赞。

青金原石
尺　　寸 15厘米×19厘米

敦煌石窟

甘肃敦煌石窟不仅是世界上著名的艺术宝库，还是一座丰富多彩的颜料标本博物馆。

研究人员发现，在敦煌壁画的蓝色颜料中，就大量使用了青金石。

现代仪器分析显示，敦煌壁画所用青金石特征与阿富汗青金石标准样品十分相似，由此可以推测，当时使用的青金石是由阿富汗进口的，根据文献记载，中国使用青金石作颜料比西方国家要早两个世纪。

在没有化学颜料的古代，一切颜色均来自于天然，常见易得的植物虽然颜色鲜艳，但是染出的颜色并不能长久保持。这就使得所有不易褪色的、带有天然色彩的矿物质格外受欢迎。青金石便是其中之一。

素峰·青金石

尺　　寸 42厘米×73厘米×12厘米

蹲象·青金石

尺　　寸 35厘米×44厘米

梅鹊争春手把壶、套杯·青金石

尺　　寸 4厘米×7厘米

鉴石要点 壶盖圆雕一只喜鹊，呈卧姿，壶柄和壶身随形雕刻一梅枝，枝上梅花盛开。

青金石的药用功效

除了观赏和作为颜料外，青金石还有很好的药用价值，它能缓解人们的病痛，特别是偏头痛；克服忧郁症；对呼吸与神经系统、免疫系统、喉咙、甲状腺有益；能够净化器官、骨髓、胸腺与血液；还能治疗失聪，消除失眠与眩晕，降低血压。

治忧郁症

早在公元前2000年前的古巴比伦和古埃及，青金石就被作为治疗忧郁症和发烧症的一种良药。在两河流域，青金石可治“间三日疟”，即每隔三日发作一次的奇怪症状，这种症状和忧郁症一样，在青金石面前立即败下阵来。

治退烧

美国宝石学家苛恩芝氏在《宝玩魔力记》提到，公元前15世纪时，西亚两河流域、古埃及地区已有人用青金石及绿青、红石髓作为药石治疗一些疾病，特别提到古希腊药物学家迪奥斯科莱得在公元之初使用青金石作为一种退烧药，以医治喉痛和气管炎症。

麻姑献寿·青金石

尺　寸 8厘米×12厘米

鉴石要点 麻姑发髻高耸，眉目秀美，面容慈祥。双手捧一篮子，篮中盛满寿桃。身披纱裙，随风而动。麻姑脚踏祥云，匠心独具，寓意祥瑞自天而降。

连年有余·青金石

尺　　寸 18厘米×24厘米

鉴石要点 石色深蓝，雕刻一条在波涛中翻卷的鲤鱼，造型生动活泼，寓意“金玉满堂，连年有余”。

手串、戒指·青金石

尺　　寸 直径0.5厘米（手串）

鉴石要点 32粒（手串）

蒙医药方

内蒙古科学技术出版社出版的《蒙医药方汇编》中也提到将青金石入药的方法：“煅青金石，取净育金石，明煅至红透，取出，放凉，碾成细粉。味苦，性凉。主治疥癣，吾雅曼病，协日乌素病，陶赖，赫如虎，刀伤，食物中毒。浊热。”

兰亭雅集·青金石（正背）

尺　寸 18厘米×28厘米

鉴石要点 兰亭雅集是我国一种古老的民间习俗。人们于农历三月上旬的巳日（上巳日）到水边举行祓祭仪式，用香薰草蘸水洒身上，或沐浴洗涤污垢，感受春意，祈求消除病灾与不祥。赵琪雕刻。

兰亭雅集·青金石（背）

曹操观海·青金石

尺　　寸 10厘米×12厘米

鉴石要点 石色深蓝带有金星和黑线，整体雕作山行，图案为一将军骑着一匹高头大马立于河边，河中水流湍急。这一题材名为《曹操观海》："东临碣石，以观沧海。水何澹澹，山岛竦峙。"

青金石的产地

青金石是由接触交代变质作用形成，主要赋存于硅酸盐-镁质矽卡岩中和钙质矽卡岩中。青金石的主要产地有美国、阿富汗、智利、俄罗斯、塔吉克斯坦、加拿大、蒙古、缅甸、巴基斯坦、印度和安哥拉等国。

阿富汗

阿富汗是世界古老的优质青金石产地，并将其作为该国的“国石”。该国位于中亚、西亚和南亚交汇处，与我国通过瓦罕走廊相连，是古代“丝绸之路”的途经地。

阿富汗矿产资源比较丰富，主要矿藏有天然气、石油、铁、煤、盐、铜、铬、青金石和大理石等。天然气储量约为1500亿立方米，煤储量约1亿吨。盐储量3亿吨，青金石储量1300吨，铁矿储量17亿吨，铜矿石储量5亿吨。以前因运输困难和资金缺乏，仅天然气、煤、盐、铬得到少量开采。

手串·青金石

尺　寸　直径2.3厘米

鉴石要点　共计14粒，颜色深蓝纯正，无裂纹、质地细腻。

阿富汗境内布满了崎岖险峻的山脉，而出产青金石的萨雷散格就处在阿富汗东北部的巴达赫尚省，这里的矿床和矿点较多，所产青金石块体的平均重量为2～7千克，部分可达100～150千克。

萨雷散格矿也是最有名的青金石老矿，所产的青金石颜色丰富，从深蓝色、天蓝色到浅蓝色均有。萨雷散格青金石产在陡峭如墙的山崖之上，由于山高路险，气候恶劣，搬运十分困难。

过去的开矿者只在冬季到来之时，顺着结有坚冰的河床逆河而上，来到青金石矿区，采集一些木柴，用火把岩石烧热，再泼上冷水，岩石便一块块地崩碎。就用这样“刀耕火种”的办法剥离石层，开采青金石，之后再顺着河床的冰道把青金石运输出去。由于山路崎岖，直到现在，人工开采和运输青金石也是主要途径。

以前阿富汗常年战乱，政府没有办法顾及青金石的出口情况。但最近几年由于阿富汗国内局势转好，青金石这种不可再生的资源也受到了政府越来越严格的监管。

阿富汗机场海关对出境的旅客严加搜检，重点是美元和青金石，对不能出具购买凭证的一律没收。

另一方面，几乎所有的阿富汗工艺品店都在大量销售青金石制品，购买极其方便。鉴于这种“许买不许带”的形势，到阿富汗的中国公民如果一定要买青金石，则应掌握数量少、重量轻的原则，并务必向店主索要正式购货凭证，以免出境时带来不必要的麻烦。

太平有象耳瓶·青金石

尺　　寸 13厘米×10厘米×27厘米

鉴石要点 寓意太平有象，吉祥平安，作品克服了青金石不易精雕细琢的缺点，雕刻细腻，且给人耳目一新、稳重大器之感。赵军雕刻。

和合二仙·青金石

尺　　寸 6厘米×8厘米

鉴石要点 和合二仙长发披肩，活泼可爱，一位手持荷花，另一位手捧圆盒，笑容满面，惹人喜爱。和合二仙是民间传说之神，人们借此祝贺新婚夫妇白头偕老，永结同心。

智利

智利青金石有两个产地，其中最重要的是智利中部科金博省的安第斯山脉的产区，另一较不重要的位于北部安塔佛格斯塔。

智利青金石大多品质较差，故其名已被用作青金石三级品的同义词，是指其内部矿物成分含有较多白色方解石包体和透辉石的青金石。由于内部其他矿物质所占比重较大，智利出产的青金石颜色较浅，除蓝色外，常伴有大量白色斑和绿色调。

意大利人物雕胸针·青金石

尺　　寸 3厘米×5.5厘米

俄罗斯

俄罗斯的青金石矿床位于外贝加尔小贝斯特拉帕米尔利亚文互尔达雷地区，前者所产青金石呈艳蓝色，后者所产青金石的质量较差。

塔吉克斯坦

塔吉克斯坦所产的青金石，有细粒结构或隐晶质结构，颜色为艳蓝色、天蓝色和蓝色，可见到黄铁矿浸染体和细脉。

加拿大

加拿大产的青金石，常与透辉石、金云母等矿物共生，颜色一般较浅，呈浅的天蓝色。

中国

目前中国珠宝行业采用的青金石90%以上是阿富汗产，从香港进口而来。一般上岸的码头在深圳、广州、汕头。少量来自智利，其他产地基本没有听说采用。

貔貅吊坠·青金石

尺　　寸 4.8厘米×3.3厘米

鉴石要点 貔貅，又名天禄、辟邪、百解，是中国古代神话传说中的一种神兽，龙头、马身、麟脚，形似狮子，毛色灰白，会飞。相传貔貅以财为食，寓意纳食四方之财。

乾隆题亭纳翠微屏风·青金石

尺　　寸 16厘米×24厘米

鉴石要点 乾隆题亭纳翠微，一笠孤亭四柱空，虚明向远纳无穷，微妙处于何是，只在朝岚夕霭中。

蟠螭钮章·青金石（正背）

尺　　寸 4厘米×4厘米×6厘米

鉴石要点 螭是古代传说中的一种动物，属蛟龙类。《说文·虫部》有释："螭，若龙而黄，北方谓之地蝼。"其形盘曲而伏者，称蟠螭。躯体比较粗壮，有的作双尾状。

福禄寿三星贺喜·青金石

尺　　寸 4厘米×7厘米

鉴石要点 天福、天禄、天寿三星君：起源于远古的星辰自然崇拜。福星对应的是岁星，即木星。根据人们的善行，福星施赠幸福。禄星即文昌宫的第六颗星，掌管官职禄位。寿星，一指二十八宿中的角、亢二宿，一指南极老人星，古人认为南极星可以预兆国家寿命的长短，也可给人增寿，成了长寿的象征。

清・太狮少狮・青金石（正背）

尺　　寸	长10厘米
鉴石要点	狮子造型丰满，四肢健硕，立体生动。太狮双目圆睁，回首而望，少狮攀爬嬉戏，顽皮灵动，寓意子嗣昌盛。

青金石的物理和化学特性

青金石化学式为$(Na, Ca)_{4-8}(AlSiO_4)_6(SO_4, S, Cl)_{1-2}$，属架状结构硅酸盐中的方钠石族矿物，属等轴晶系，晶体形态呈菱形十二面体，集合体呈致密块状、粒状结构。颜色为深蓝色、紫蓝色、天蓝色、绿蓝色等。

龙王礼佛·青金石
尺　　寸 16厘米×12厘米

青金石的物理特性

青金石显色不是依靠金属离子，所以它的显色机理不同于石青、石绿等离子显色的颜料。它是由硅氧四面体构成网状结构，网状腔中必须有硫（S）、氯（CL）等存在，方能显出蓝色，故属结构显色。

由于达不到显色结构要求，一块青金石矿石中白色占很大比例。如果含较多的方解石时呈条纹状白色，含黄铁矿时就在蓝底上呈显黄色星点，玻璃光泽和蜡状光泽，条痕浅蓝色，半透明至不透明。

摩氏硬度为5～6度，纯青金石密度2.38～2.45克/立方厘米，一般青金石玉料2.7～2.9克/立方厘米，珠宝鉴定机构出的鉴定证书一般显示的密度是2.7～2.9克/立方厘米。如果是合成的青金石石密度大概在2.4克/立方厘米，为何越干净的青金石越轻，越杂质的青金石越重？其原因是黄铁矿导致比重增加。

佛珠·青金石
尺　　寸 直径0.3厘米
鉴石要点 108粒。

青金石的颜色是由所含青金石矿物含量的多少所决定的，所含青金石矿物含量多，则颜色好，反之则颜色差，由于青金石矿物呈蓝色，因此，青金石玉石一般也呈蓝色，其中又以蓝色调浓艳、纯正、均匀为最佳。

青金石的化学特性

青金石岩中常含有黄铁矿、透辉石、方解石等其他矿物，所以导致其地色常出现金星和白线等。

这就是人们经常听到的无白无金、少白少金、多白少金、少白多金等说法。最顶级的极品青金石讲究“无金无白”，就好像是蓝宝石一样，业内对此有“青金不带金”的说法。

无金无白的青金石虽然珍贵，但这种原料非常少见，而且即使出产其块度也比较小，更多见的是有白有金的料子。对于青金石中的白线，大多数人的标准还是一致的，认为其属于瑕疵，白线越少越好，没有最好。

而对于青金石的“金星”，到底是伴生的杂质还是大自然的神来之笔，则存在不同观点。不少人都认为青金石一定要有金，就如地质学家章鸿钊著的《石雅》中所云：“青金石色相如天，或复金屑散乱，光辉灿烂，若众星丽于天也。”对爱好金星的人来说青金石不能没有金，金星就像红花旁边的绿叶、深邃夜空中的繁星一样，更能衬托出青金石的魅力。

龙腾四海·青金石
尺　寸 25厘米×16厘米

清·坐罗汉·青金石（局部）

清·坐罗汉·青金石

尺　　寸　高25厘米

鉴石要点　罗汉身披袈裟，盘腿坐于一山洞之内，双目微闭，双耳垂肩，一手执佛珠，一手伸展膝上，神情似笑非笑，眉宇精气非凡。

荷叶观音·青金石

尺　　寸 18厘米×12厘米

鉴石要点 观音神态端庄、面目安详，背靠莲叶，盘腿坐在莲花宝座之上，手执如意，左侧卧一蛟龙，右侧一莲花台上放着玉净瓶。雕工细腻，造型精美。

东方朔偷桃·青金石（正侧）

尺　　寸　12厘米×16厘米

鉴石要点　东方朔，古代传说中的神奇人物，传说他本是西王母的邻家小孩，十分顽皮，经常到王母的桃园里偷桃吃。东方朔长大后曾任泰山仙官，因酒醉误事，被贬下凡，在汉武帝身边做官。东方朔偷桃寓意长寿。

伏虎罗汉·青金石

尺　寸 12厘米×8厘米

鉴石要点 伏虎罗汉是十八罗汉中的第十八位，也称“弥勒尊者”。此件作品中，罗汉表情刚毅，身披袈裟，袒露双肩，盘腿端坐，衣纹褶皱深凹。一虎伏于罗汉膝上，双眼圆睁，脊骨肌理清晰。

瑞兽双耳瓶·青金石

尺　寸 14厘米×16厘米

鉴石要点 此瓶由瓶身、盖、底座组成。顶部配盖，盖顶圆雕一瑞兽。整体造型端庄，大气沉稳，瓶口沿方折，颈部内凹，弧线外转至肩，肩部两侧饰双耳。

龙虎观音·青金石

尺　　寸 16厘米×12厘米

鉴石要点 观音手执如意端坐在一片莲叶之上，左边是一童子呈跪拜状，右边卧着一只猛虎，观音的左上方一只祥龙环绕，整个作品雕工细腻，寓意吉祥。

青金石的颜色和种类

按照青金石中所含矿物成分、颜色、质地的差异，可把青金石分为青金石、青金、金格浪、催生石4种品质等级，其品质依次降低，一般来说只有金格浪以上级别才值得投资。

青金石级

这是最优质的青金石。其中的青金石矿物含量在99%以上，不含黄铁矿，其他杂质矿物很少，质地致密、坚韧、细腻，呈浓艳、纯正、均匀的蓝色。

青金级

青金石矿物含量一般在90%~95%，没有白线，含有稀疏的星点状黄铁矿和少量其他杂质矿物，质地较纯净、致密、细腻，颜色的浓度、均匀度、纯正度较青金石级差。

金格浪级

也叫金克浪，青金石矿物的含量明显减少，含有较多而密集的黄铁矿，杂质矿物含量明显增加，有白斑和白线，颜色的浓度明显降低，呈浅蓝色且分布不均匀。

银镶嵌青金石戒指
尺　寸 1.5厘米×2.5厘米

手串·青金石
尺　寸 直径1.8厘米

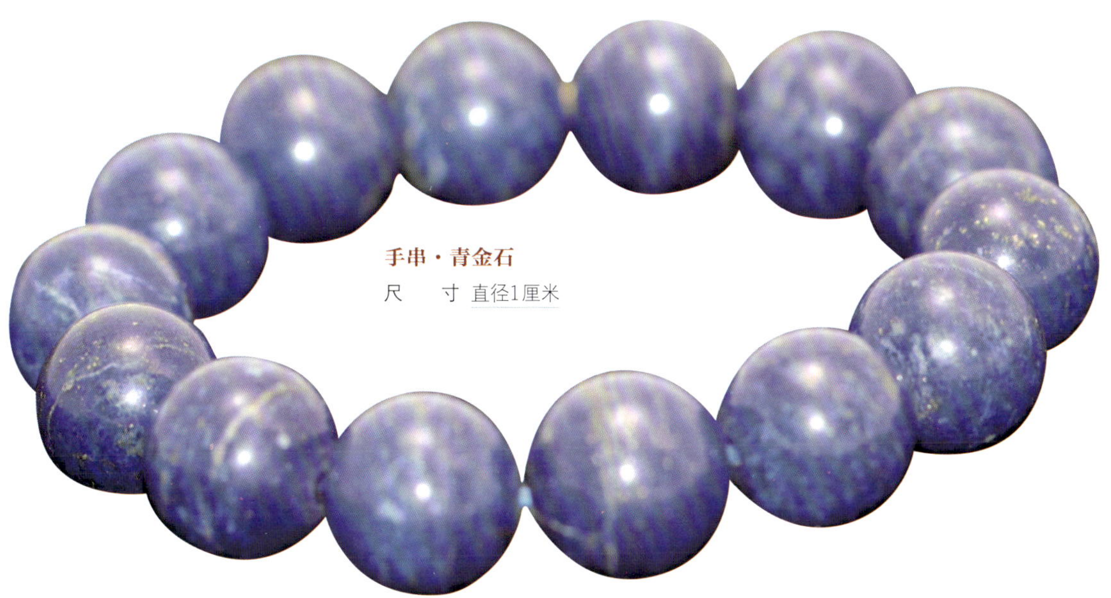

手串·青金石

尺　　寸 直径1厘米

催生石级

这一类型青金石是品质最差的，所含青金石矿物最少，一般不含黄铁矿，而方解石等杂质矿物含量明显增加，玉石上仅见星点状蓝色分布，或呈蓝色与白色混杂的杂斑状。

催生石作为装饰物抛光后，就好像在深蓝色的天幕上，有纷飞的点点雪花，所以又有"雪花催生石"之称。相传如果有怀孕的妇女，只要一见到这种青金石就会起催生的作用，因此而得名。

青金石曾与和田玉、翡翠、珊瑚、松石并称为五大工艺品高档原材料。现在五大高档原材料中，整体市场价格最高的是翡翠，其次是和田玉，珊瑚近年也价格大涨。而青金石与松石价格接近，最近几年虽有上涨，但涨幅远逊于前者。

银镶嵌青金石戒指

尺　　寸 1厘米×1厘米

一夜成名·青金石

尺　　寸 8厘米×3厘米

鉴石要点 一只蝉停留在一片叶子上，寓意"一夜成名"或"一鸣惊人"。

银镶嵌青金石戒指

尺　　寸 1.8厘米X2.6厘米

龙纹鼻烟壶·青金石

尺　　寸 高10厘米

鉴石要点 壶呈扁瓶椭圆形，通体刻浮雕夔形龙纹，纹饰雕工精细，起双线，更显纹饰的威猛挺拔。

佛珠·青金石

尺　　寸 直径0.8厘米，108粒

刘海戏金蟾·青金石

尺　　寸　8厘米×10厘米

鉴石要点　刘海，初名哲，字玄英，道号海蟾子。五代燕山（今北京西南）人。明代民间神话传说，将刘海渲染成一蓬发少年的形象，连钱为饵，戏钓金蟾为乐。金蟾乃三足蟾蜍精，嗜钱如命，喜聚财。

财源兴旺·青金石（正背）

尺　　寸 10厘米×12厘米

鉴石要点 此件作品与上一尊的雕刻题材一样，内容均为刘海戏金蟾，刘海袒胸露腹，开怀畅笑，背后串钱扬起，似是戏弄膝下三足金蟾。雕刻传神写照，神态惟妙惟肖。张铁成雕刻。

青金石市场价值的鉴赏要点

从价格走势来看，相比其他玉石而言，收藏级青金石的价格也还在能接受的范围内。目前中国的珠宝玉石投资市场中，青金石所占的比重并不大，但随着近几年珠宝热的兴起，青金石的关注度也不断升温，无论是在珠宝市场上还是在拍卖市场上，青金石均取得不俗的表现，像一颗冉冉升起的“新星”。这其中，除了市场炒作以及原料价格上涨的因素外，雕刻师工资的上涨也是青金石成品上涨的主要原因。

宝石级别的特点

在珠宝玉石行业中，可按照国际流行的做法，将青金石统分为宝石级和商业级两个级别。宝石级青金石就是人们常说的用于珠宝首饰的青金石，根据颜色深浅和是否含黄铁矿通常分为三级。

宝石一级，略带紫色的深蓝色，通体颜色分布均匀，外表通透光泽强烈，内部成分基本不含黄铁矿和方解石。

钟馗醉酒・青金石

尺　　寸　12厘米×8厘米

鉴石要点　雕琢精细，造型极为传神，钟馗双眉倒竖，两眼圆睁，不怒自威。

宝石二级，纯净的蓝色或略带紫蓝色，通体颜色分布均匀，外表通透光泽强烈，内部矿物成分不含黄铁矿和方解石。

宝石三级，光学特征同宝石一级和宝石二级，但含少量黄铁矿，黄铁矿以星点状分散分布通体，相当于金格浪品种。

刘海戏金蟾·青金石

尺　寸 10厘米×12厘米

鉴石要点 刘海斜坐山石之上，三足金蟾栖覆其上，刘海左手持金币戏之。刘海散发披肩，笑容可掬，袒腹露胸。

投资保值的特点

现代人购买青金石除了佩戴外，还有一部分是将其作为一种理财品种，希望通过买卖青金石达到投资保值的效果。如果是后者就一定要选择宝石级别的青金石来购买。

首选色好、纯净、无裂的上品青金石料，有条件的话，可选择收藏工艺精美的青金石古器。另外，如果想通过收藏青金石达到财富保值升值的目的，还需要成系列地购买，单纯的购买一件两件很难达到升值的目的。

一件青金石雕件，如果需要一个雕刻师花费三五天时间完成的作品，人工费前几年几百块钱就够了，但现在至少需要上千元，如果是名家雕刻则要上万元，有时候名家雕刻的手工费可能比原料费还贵。

瑞兽·青金石

尺　寸 15厘米×10厘米

鉴石要点 瑞兽浑圆结实，四肢站立，阔鼻圆眼，直视前方，炯炯有神，双耳垂后，神态凶猛威严。

八仙过海各显神通·青金石

尺　　寸　32厘米×16厘米

鉴石要点　八仙的形象至明代定型，其故事流传甚广。明吴元泰《八仙出处东游记》中称：八仙至东海岸边，见巨浪汹涌，提议不乘云而各凭宝物渡海。于是铁拐李将铁拐投至水面，自立其上，乘风逐浪而渡，汉钟离以拂尘投水中而渡，张果老乘纸驴而渡，吕洞宾踏箫管而渡，韩湘子以花篮而渡，何仙姑以竹罩而渡，蓝采和以拍板而渡，曹国舅以玉版而渡，故有“八仙过海，各显神通”之说。童文斌雕刻。

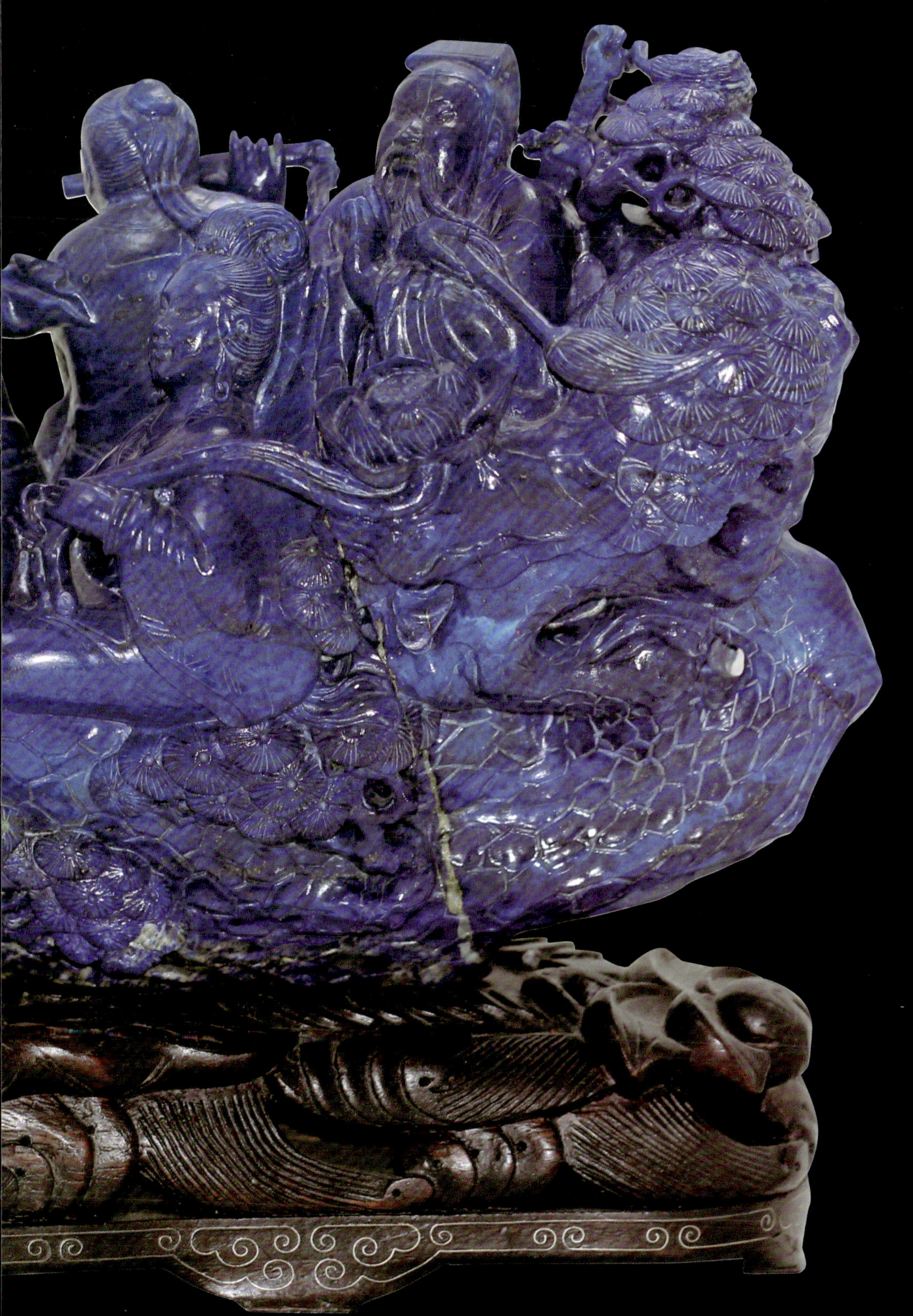

青金石的质量评价特点

青金石玉石的质量评价可以依据颜色、质地、裂纹、切工与做工和体积(块度)等方面进行。

颜色

青金石的颜色还可以细分为全青、矢车菊蓝、帝王青，矢车菊就是艳蓝色，帝王青多呈深蓝色。从颜色上判断，最好的青金石，是全青的不带黄、白杂色。矢车菊蓝和帝王青也属于其中的上品，其中帝王青看起来颜色更稳重，矢车菊蓝蓝中微带紫，玉石有油亮感，光感度好。如果是附有均匀的金色黄铁矿也相当受欢迎。

青金石玉石的颜色是由所含青金石矿物含量的多少所决定的，所含青金石矿物含量多，则颜色好，反之则颜色要差。由于青金石矿物呈蓝色，因此，青金石玉石一般也呈蓝色，其中又以蓝色调浓艳、纯正、均匀为最佳。如果颜色中交织有白石线或白斑，就会降低颜色的浓度、纯正度和均匀度，因此质量降低。

青金石也分为新坑料和老坑料，是根据开采年份、矿层等因素分类的，识别新老坑料可以从颜色上着手，一般来说老坑青金石料蓝中带紫，甚至有些紫药水的感觉，这种颜色较为特殊，表面光泽度强，瓷感强，油性十足。当然，新坑料也有不少上品出现，所以在选择的时候不必过分拘泥于新坑老坑。

立观音·青金石

尺　寸　6厘米×12厘米

鉴石要点　观音头戴高冠，冠上有一化佛，系宝缯，宝缯及发绺下垂。细眉，秀目，面颊丰满，站立在莲花宝座之上，衣饰塑造轻盈流动，法相威严。

质地

质地也是评价青金石玉石质量的一个重要因素。质地致密、坚韧、细腻，含青金石矿物多，含其他杂质矿物少(如方解石、辉石、云母等，但可含有少量星点状均匀分布的黄铁矿)，这样的青金石为上品。

如果黄铁矿局部成片分布，则将影响到青金石玉石的质地，进而也将影响到青金石玉石的质量。

对于含有杂质矿物的青金石，杂质矿物分布的均匀程度，也将是评价其质地的一个标准，一般认为杂质矿物分布均匀者，比分布不均匀者质量等级要高，反之则质量等级越低。

裂纹

裂纹的存在将明显地影响到青金石玉石的质量，没有裂纹最好，微小裂纹次之，裂纹越明显则质量等级越低。

切工与做工

由于青金石玉石具有美丽纯正的蓝色，因此优质、没有裂纹的青金石常可用作首饰石，用作首饰的青金石玉石常被切磨成素面。

由于原料多是层状结构，通常切磨成扁平形的青金石玉石一般都是最优质的，而厚度越大，切磨的弧面越宽，青金石玉石质量自然会差一些。

除了作为首饰外，大的青金石原料还会被做成各种摆件，如山子、屏风、观音、罗汉等，由于青金石的硬度较高，所以对雕刻师的技艺要求较高，在购买和鉴赏此类青金石摆件的时候，可仔细观察其造型和雕刻技法。

坐观音·青金石

尺　　寸　10厘米×12厘米

鉴石要点　观音以莲花为座，呈自由自在的游戏坐姿，左足弯曲，右足上屈支地，右臂搭放于右膝上，左臂撑在一莲子上面，神态安详宁静，犹如正观赏水中月影一般。

童子祝寿文房八宝之镇纸·青金石

尺　　寸 4厘米×6厘米

鉴石要点 古人常用的文房用具，器物表面雕刻寿桃、童子等造型，寓意童子献寿，造型精美，雕工细致。何争雕刻。

童子祝寿文房八宝之泥印盒·青金石

尺　　寸 4厘米×6厘米

童子祝寿文房八宝之笔洗·青金石

尺　　寸 4厘米×6厘米

青金石在雕刻上要注意扬长避短，其一是皮色妙用，锦上添花；其二是多色巧用，浑然天成；其三是“脏色”奇用，变“废”为宝。巧匠若是能将裂纹等瑕疵别出心裁地利用起来，整体自然和谐，便是一件佳品。传统青金石制品的雕琢重在意和境上，在形上不一定求物的结构比例的正确，在顺势处理上只要合意即可，具体的雕刻形象大多是蝠、兽、竹、松、梅、鹿、如意、灵芝、花叶、秋果、古钱、寿桃等，由这些形象组合来表达吉祥如意。

对青金石雕刻饰品，要从传统文化的基础上去品味它的内涵，才能感到玉石的灵气和它的神奇。青金石既是物质产品，又是精神产品，自古就被赋予活力、健康、富贵、长寿的寓意，许多人喜欢把它作为礼品，以此来表达良好的祝福，而这些寓意又以雕工表达为主。所以，对青金石的雕工更应重视。

体积(块度)

指的是青金石玉石块体的大小。在同等质量因素条件下，青金石玉石块体越大(不论是首饰石还是原石)，其价值也就越高。

童子祝寿文房八宝之毛笔·青金石

尺　寸 4厘米×6厘米

童子祝寿文房八宝之笔筒·青金石

尺　　寸 4厘米×6厘米

童子祝寿文房八宝之印章·青金石

尺　　寸 4厘米×6厘米

童子祝寿文房八宝之砚台·青金石
尺　　寸 4厘米×6厘米

童子祝寿文房八宝之笔架·青金石
尺　　寸 7厘米×5厘米

仿冒青金石的鉴别技法

目前中国的玉石收藏市场中，青金石的市场占有率并不高。但随着近几年拍卖市场和网络的不断发展，人们对于青金石的关注度也逐渐升温，青金石拍品的成交额和成交比率也呈逐年上升趋势。在国际市场上，青金石也越来越受到青睐，比如，蒂凡尼、卡地亚、宝格丽等品牌的好几款经典的收藏级别产品，用的都是青金石。还有不少名表，也用青金石装饰表盘。市场行情好了，自然会少不了造假作伪者。目前冒充青金石的有染色玉髓、染色大理石、吉尔森“合成”青金石、染色玻璃以及用与青金石很像的方钠石等石种来冒充青金石等。

随形摆件・青金石
尺　寸 15厘米×20厘米×6厘米

染色玉髓

染色玉髓其实就是指染成蓝色的碧玉，二次世界大战期间这种染色玉髓被称作“德国青金石”或“瑞士青金石”，可能是由于这种作伪法最早在这两个国家流行的缘故。

在鉴别染色玉髓的时候要注意：不同部位的碧玉孔隙变化比较大，常常会导致染料分布不均匀，因此看上去颜色也不均匀。部分可以观察到有同心圈纹存在于碧玉中，染料的存在会使这种纹理更加突出，而在青金石中是不可能见到同心圈纹的。

染色大理石

染色大理石是指染成蓝色的白色大理石。由于真的青金石内部是架状结构，而大理石是粒状结构，对染色大理石仔细观察其颜色分布，就会发现在颗粒边缘及裂隙中聚集有蓝色染料，而颗粒本身却没有颜色，另外染色大理石中没有黄铁矿的存在，也根本看不到“金星”。

染色玻璃

染色玻璃就是用蓝色玻璃来直接冒充青金石，鉴别此类物质时可用强光手电照射观察，由于蓝色玻璃不具有青金石的结构，用强光手电观察可见其内部含有气泡和漩涡纹理。

染色青金石

染色青金石是最具诱惑性的。现在好料子越来越少了，很多料子都是含有很多白色方解石的“垃圾料子”，里面的黄铜矿不成星点分布，是整体的连成一片。

于是就出现了染色青金石，把那种蓝白相间或料子几乎全白只带点金星的劣质青金石染蓝。用浓艳的蓝色，掩盖石头本身的缺点。

目前染色青金石主要有两种：一种是用染衣服的有机染料染色；另一种是用无机化学试剂通过一定的化学反应染色。

一般来说，用染衣服的有机染料染的颜色容易褪色，原因是有机染料的颜色是生色基团产生的，这些生色基团容易在太阳光的照射下分解或脱离有机体而去色。

对于无机化学试剂染色的青金石，如果生色化合物是氧化物则颜色稳定，在碰到酸或碱时容易褪色。在透射光下观察，染色的青金石在裂隙处因染料沉积而颜色变深，而天然的青金石则非常均匀。染色的青金石还可以使用酒精或者丙酮来擦拭，染色的一般会掉色。

注胶青金石

比较难鉴别的是注胶青金石，这种作伪法主要是使用品质较差的天然青金石来完成的，目的是通过蓝胶材料掩盖品质差的青金石表面的白斑和金点，做出高品质的效果。这种注胶青金石因为材料也是天然的青金石，所以实际中用肉眼非常难以辨别，而使用酒精跟丙酮也不能识别，即使拿到正规的珠宝检测机构也未必能给出你想要的答案。

因为检测机构主要做天然与否的鉴定，不对品质做结论，而天然的石头在加工过程中注胶是种很常见的行为，本身并不涉作假，比如松石，由于硬度较低，一般都注胶。所以，购买青金石制品的时候渠道也非常重要，尽量选择专业的青金石专卖店或者口碑很好的珠宝店来买。

佛珠·青金石

尺　寸　直径0.8厘米

鉴石要点　共计108粒。

处理青金石

除染色和注胶外，青金石还有其他的处理方式，如浸蜡及无色油等，这可以大大改善其外观，通过放大观察可发现局部蜡质脱落的现象。用热针靠近其表面，可发现有蜡或油析出。放大检查时，可以发现样品具明显的碎斑块状构造。

方钠石

方钠石为深蓝色、多晶结构，是一种含氯化物的钠铝硅酸盐，颜色与青金石较为接近，主要区分点在于青金石为多种矿物组合，内有黄铁矿颗粒和方解石呈星点状或团块状分布。另外，方钠石的透明度比青金石高，其相对密度2.15～2.35克/立方厘米，明显低于青金石的密度2.7～2.9克/立方厘米，用手掂其重量明显较轻。

福星高照·青金石

尺　　寸 15厘米×18厘米

鉴石要点 寿星手持“福星高照”牌立于前方，禄星左手执元宝，右手持如意。二仙眉目清晰，美髯长飘，衣饰洒脱，自然流畅。在其脚下和身后，分别雕一只手捧寿桃的猴子和一手拿铜钱的童子，神态各异，构思巧妙。

双龙耳瓶·青金石

尺　寸 12厘米×16厘米

鉴石要点 瓶为扁平式，口、足均为椭圆形。瓶盖上圆雕一狮子钮，造型圆润，肩部凸雕两螭龙耳等。于正泉雕刻。

青金石的佩戴和保养

青金石纯净的蓝让人联想到海洋、天空、宇宙、冷静等，喜欢蓝色的人一般注重细节，能以知识和事实为依据来分析掌握形势，守时讲信用，完美主义者，有敏锐的观察力，讲求事实和证据，对人客气礼貌。

佩戴讲究

青金石搭配穿制的手链或是项链非常适合于女性佩戴，小巧玲珑的金项链或其他首饰上穿上几颗青金石，别具风采。青金石也适合男性佩戴，男式礼服上配上深颜色的青金石饰物，更添男士风度。

佩戴寓意

青金石也是12月的生辰石，象征胜利、好运，是成功的保证。青金石在五行种属水，根据五行相生相克（金生水、水生木、木生火、火生土、土生金；金克木、木克土、土克水、水克火、火克金）的原则，青金石特别适合五行属木的人佩戴。

保养要诀

青金石保养也很有讲究，一是青金石硬度不大，注意防划伤；二是青金石里金闪闪的是自然铜，容易氧化发黑。青金石本身也不耐酸碱，注意避免化学腐蚀。

青金石首饰玷污后，不能用水浸泡和冲洗。因为青金石是多种矿物组成的粒状集合体，若用水浸泡和冲洗，宝石表面的污垢会向内部渗透，以致会改变原有光彩。青金石首饰玷污后，可用湿布轻擦，抹去污垢。

由于青金石是多种矿物组成的粒状集合体，如果用酒精等有机溶剂浸泡，酒精会渗入青金石表面的小孔，造成青色溶解，会对青金石造成不可挽回的伤害。

药片形吊坠·青金石
尺　寸 4厘米×5厘米

螭龙戏珠玉璧·青金石

尺　　寸 直径5厘米

鉴石要点 刻画的螭龙首、口、眼栩栩如生。体态矫健，盘躯戏珠，尽显霸气。螭龙戏珠是汲取龙珠内天地的精华，将其吞吐增其灵气亦可增加福禄宝气，寓意财源滚滚，不止不息。

清洗技法

青金石每隔1～3月需净化一次，即便是开光的也需要定时净化。净化这个词在拉丁语和消磁近似，所以也叫做消磁。

青金石常使用御守盐消磁或者用海菊花消磁。御守盐是日本产的一种矿物含量很高的盐，因为内部所含的镁、钙比较多，收敛性很强，能短时间能消除死皮组织，不造成饰品的变色。海菊花也叫海葵，是生长在海洋中的一种生物。用海菊花消磁时只要把青金石放在海菊花中搁置24小时就可以消磁完毕，相对来说简单方便，但海菊花并不常见，市面上不容易购得，而御守盐在不少网店或者大的珠宝商店都能买到。

用御守盐消磁的方法常见的有两种，一种就是将御守盐和纯净水调和均匀，之后把青金石饰品放入其中浸泡一晚，通过这种方法消磁后，一次可以连续戴一个月之久；还有一种是选择大颗粒的御守盐，用盘子或者碟子装。用御守盐把青金石埋起来，这样的效果更好，消磁一次可以用3个月之久，所以也叫做“百日消磁”。

景泰蓝花丝镶嵌青金石挂坠

尺　　寸 4厘米×6厘米

花丝镶嵌青金石吊坠

尺　　寸 3厘米×4.5厘米

鉴石要点 皇家饰品，为“花丝”和“镶嵌”两种制作技艺的结合。花丝选用金、银、铜为原料，采用掐、填、攒、焊、编织、堆垒等传统技法。镶嵌以挫、锼、捶、闷、打、崩、挤、镶等技法，将金属料做成托和爪子形凹槽，再镶以宝石。

景泰蓝花丝镶嵌青金石挂坠

尺　　寸 3.5厘米×5.3厘米

人生如意手把件·青金石

尺　　寸 4厘米×6厘米

鉴石要点 在一只人参上面加灵芝如意等造型，器形精致，雕工细腻，寓意“人生如意”。

同心合璧对牌·青金石

尺　　寸 4厘米×6厘米

鉴石要点 福寿牌，此对牌用料十足，大气厚重。正面阳刻“福”、“寿”两字，字体方正规整，牌子的上部配龙纹，造型大方，寓意福寿吉祥。

十八罗汉佛珠·青金石

尺　　寸　长1.8厘米

鉴石要点　手串由18颗青金石珠组成，佛头为绿松石与蜜蜡组成，其间用绿松石作为隔珠。每粒青金石主珠雕刻不同的罗汉面部造型，威武有力。

葫芦手把件·青金石

尺　　寸　4厘米×8厘米

龙牌挂坠·青金石

尺　　寸　4厘米×6厘米

罗汉手把件·青金石

尺　　寸 2.8厘米×3.2厘米

十字耶稣圣尸挂坠·青金石

尺　　寸 4厘米×8厘米

素色手镯·青金石

尺　　寸 内径5.5厘米

鉴石要点 蓝色莹润，手镯圆形，圈口韵味十足，时尚小巧，淡雅唯美。镯，又称臂环，中国古代男女通用，唐、宋时成为女性装饰品，清代戴手镯成为女性时尚。

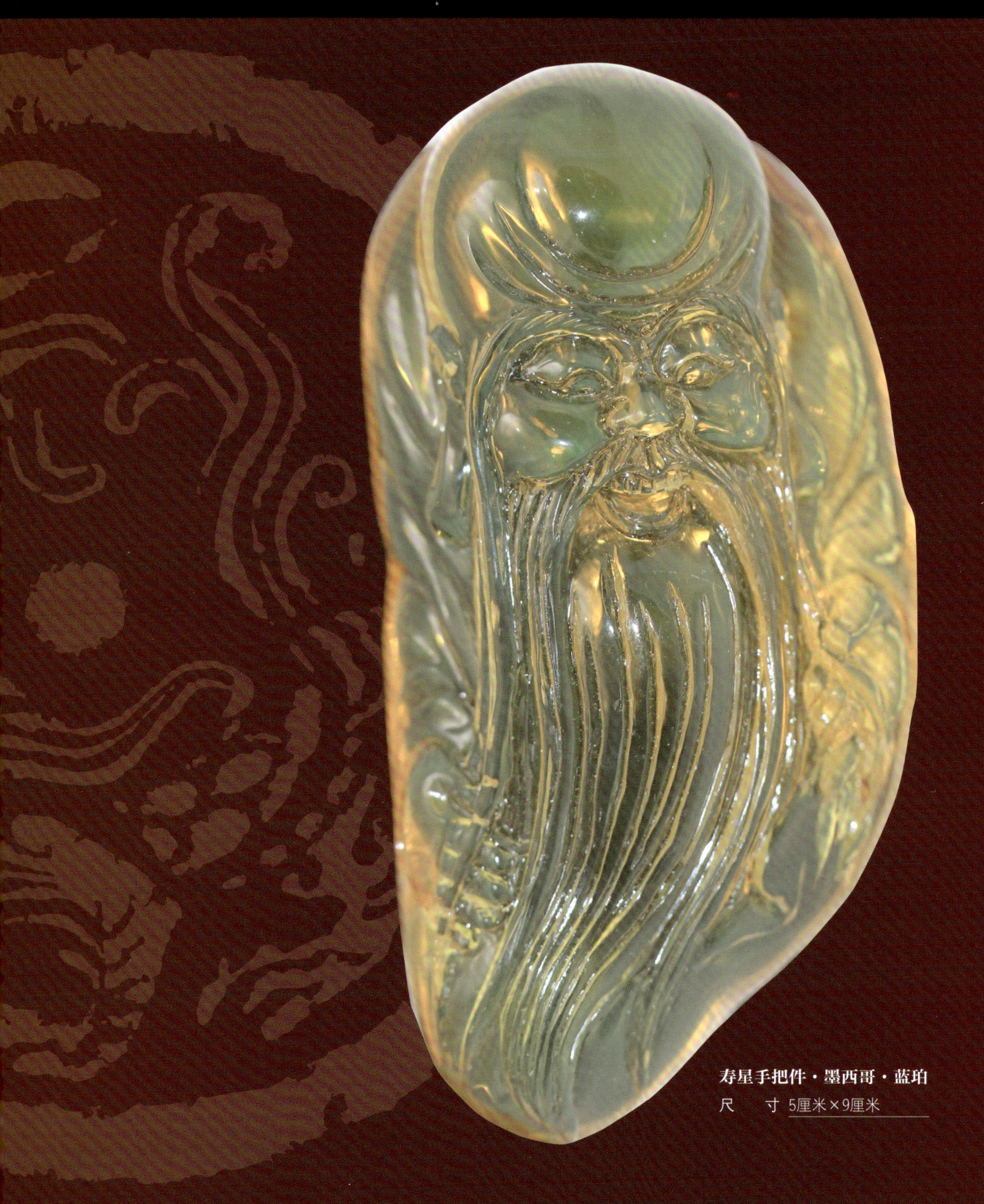

寿星手把件·墨西哥·蓝珀

尺　寸 5厘米×9厘米

第二章

琥珀，精致的时光机器

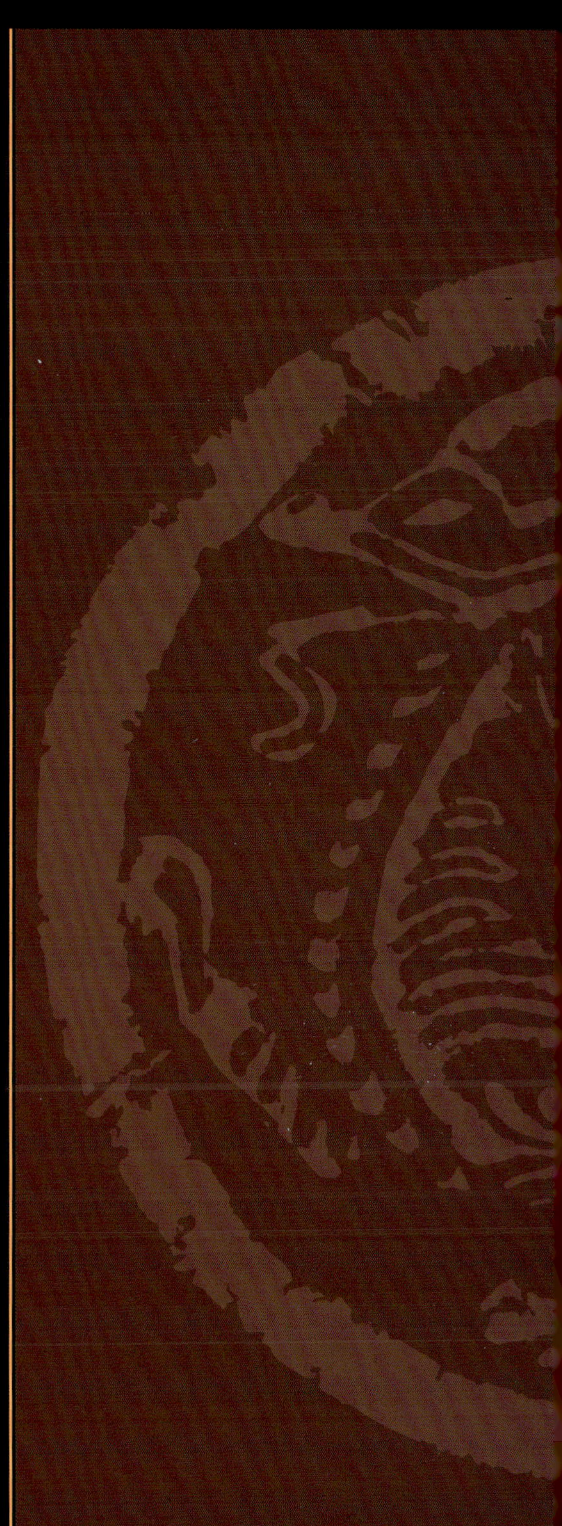

这才是真正的琥珀

很多人认识琥珀，主要缘起于德国科学家、科普作家柏吉尔所写的《琥珀》一文，这篇科普作品大约从80年代开始就一直收录在中国各地小学生的课本中。由于以讲故事的形式出现，使本来较为枯燥深奥的科学知识变得生动有趣，成为吸引小读者认识琥珀的启蒙资料。

独一无二的美

琥珀的英文名为Amber，来自拉丁文Ambrum，意思是“精髓”。

中国古代认为琥珀为“虎魄”，意思是老虎的魂魄，就连明代的大药物学家李时珍也认为：“虎死则精魄入地化为石，此物状似之，故谓之虎魄。俗文从玉，以其类玉也。”

琥珀是欧洲人的传统宝石，可以说是欧洲文化的一部分。欧洲人对琥珀的痴迷就好像中国人对玉的钟情。古代的欧洲人用非常大颗的琥珀珠串成婚礼项链，是结婚时必备的贵重珠宝，也是情人间互赠的信物。

在欧洲，琥珀首饰对情人而言，意味着对爱情的忠贞；对姑娘而言，代表她们青春永驻的愿望；对老人而言，寄托了延年益寿的心愿。琥珀还是罗马尼亚和德国的“国石”，倍受宠爱。

如意手把件·金包蜜琥珀

鉴石要点 随形雕刻出灵芝山石，蝙蝠花纹，布局得当，虚实并用，线条刚柔相济，雕工简练娴熟。重72.14克。

琥珀的形成

大约是上万年前的一个夏天，太阳暖暖地照着，海在很远的地方翻腾怒吼，绿叶在树上飒飒地响。一只小苍蝇展开柔嫩的绿翅膀，在太阳光里快乐地飞舞。后来，小苍蝇停在了一棵大松树上。

忽然，有只蜘蛛慢慢地爬过来，想把那苍

蝇当做一顿美餐。它小心地划动长长的腿，沿着树干向下爬，离小苍蝇越来越近了。晌午的太阳热辣辣地照射着整个树林。许多老松树渗出厚厚的松脂，在太阳光里闪闪地发出金黄的光彩。

蜘蛛刚扑过去，忽然发生了一件可怕的事情。一大滴松脂从树上滴下来，刚好落在树干上，把苍蝇和蜘蛛一齐包在里头。小苍蝇不能掸翅膀了，蜘蛛也不再想什么美餐了。两只小虫都淹没在老松树的黄色的泪珠里。它们前俯后仰地挣扎了一番，终于不动了。松脂继续滴下来，盖住了原来的，最后积成一个松脂球，把两只小虫重重包裹在里面。

几十年，几百年，几千年，时间一转眼就过去了。成千上万绿翅膀的苍蝇和八只脚的蜘蛛来了又去了，谁也不会想到很久很久以前，有两只小虫被埋在一个松脂球里，挂在一棵老松树上。

后来，陆地渐渐沉下去，海水渐渐漫上来，逼近那古老的森林。有一天，水把森林淹没了。波浪不断地向树干冲刷，甚至把树连根拔起。树断绝了生机，慢慢地腐烂了，剩下的只有那些松脂球，淹没在泥沙下面。又是几千年过去了，那些松脂球成了化石……

福在眼前手把件・琥珀（正背）

鉴石要点 利用琥珀的两种颜色，雕刻蝙蝠、如意、铜钱等图案，构图饱满而富有生机，寓意福在眼前。重70克。

琥珀的沧桑

关于琥珀的形成时代，不同专著和资料中并不一致，有人认为其形成时代为从白垩纪到新近纪，1.45亿年到200万年前。

有的资料认为大多数琥珀的年龄从1500万年到4000万年。国际琥珀协会的资料认为，琥珀是4000万年前的针叶类树的树脂。

这段地质时期的松柏树与其树脂，经历沧海桑田的变迁，被埋入地下，树炭化为煤，而树脂石化为琥珀。当时树脂在溢出时，粘住了森林中的一些蚊、蝇、虫小动物和植物叶片等，经过一段时间这些动物植物被树脂包裹，形成琥珀藏蜂、藏蚊、藏虫等。

长期以来，琥珀经常被科学家们作为保存远古昆虫的天然储存库。美丽的琥珀不仅具有观赏价值、科研价值，而且也是生物演化的见证，是获取古代遗传基因DNA首选材料，因为琥珀的生物既保存了古代的生物基因密码，又被树脂和外界隔离，不被现代DNA污染。

所以，每一块琥珀都是一部非常精致的时光机器，它能把人们带回到千万年前的世界，向大家展示远古丛林的生态面貌，甚至更早以前的地球历史。

佛珠・血珀

尺　寸　直径0.5厘米

鉴石要点　共计108粒。材质洁净，其色如血，但既不张扬，也不暗淡，予人宁静沉稳的感觉，颇有禅意。

壶形坠・金包蜜琥珀

尺　寸　5厘米×3厘米

鉴石要点　颜色晶莹凝润，壶形雕琢精美，小巧可爱。

古代雕刻摆件・琥珀

尺　寸　6厘米×10厘米

清·东方朔偷长寿桃·琥珀

尺　　寸　16厘米×11厘米

鉴石要点　东方朔手持偷摘的蟠桃，回首环顾，面露窃喜，其偷桃得手后的得意之情和担心被仙吏发现的微妙心理表现得淋漓尽致。

“琥珀之路”的意义

早在公元前3500年，波罗的海琥珀就成为一种商品，被运往希腊和地中海以及黑海沿岸的城市。公元前1600年，波罗的海沿岸居民还将琥珀当做货币使用。公元1世纪至3世纪，该地区形成了通往罗马帝国等地进行琥珀交易的“琥珀之路”，成为古老文明交流的通道。在罗马，“琥珀之路”还与“丝绸之路”相连，形成了将琥珀运往中国的线路。

世界第八大奇迹的琥珀厅

在俄罗斯，琥珀通常用来制作节日和盛典装饰物。叶卡捷琳娜宫位于俄罗斯圣彼得堡郊区的皇村，也是彼得大帝为皇后建造的。这座宫殿中最珍贵最出名的是“琥珀厅”，它被誉为“世界第八大奇迹”。

琥珀壁板原本是普鲁士国王送给彼得大帝的礼物，在伊丽莎白·彼得罗夫娜女皇时期将琥珀壁板装饰于叶卡捷琳娜宫的一个厅内，这个厅因而得名“琥珀厅”。琥珀壁板由几十万琥珀小片拼成各种图案，金光四射。

琥珀厅壁上还配有四幅著名的佛罗伦萨镶嵌画，是由著名的佛罗伦萨“硬石作坊”制作的，四幅画象征性地描述了人类五种感觉。画名分别叫《味觉》、《听觉》、《视觉》、《触觉和嗅觉》，这组镶嵌画不仅精美绝伦，而且举世无双。

琥珀厅曾经陈列着17至18世纪欧洲最著名的一套琥珀收藏品，它是由德国、波兰和俄罗斯工匠共同制作的。但是，这一切都毁于二战时期，德国纳粹分子将琥珀厅洗劫一空。现在的琥珀厅是后来重建的，基本上恢复了当年面目。

花珀吊坠·琥珀

尺　　寸　2.5厘米×2厘米

鉴石要点　花珀的特点是多种颜色相间、颜色不均匀。熔点低，怕暴晒，佩戴的时候应注意这一点。

新石器时代的珍品

在中国，收藏琥珀也有悠久的历史。中国早在新石器时代的遗址中就出土了琥珀雕刻的装饰物，此后历经商周秦汉，它与古代玉器的发展几乎形影相随。

据考古发现，我国最早的琥珀制品，见于四川广汉三星堆1号祭祀坑。这是一枚心形的琥珀吊坠，吊坠的一面阴刻蝉背纹，一面阴刻蝉腹纹。

古人认为能羽化蜕变的蝉具有永生的能力，是长生的象征。而该遗址断代为公元前2800年到公元前800年，说明中国人制作佩戴琥珀饰品至少有3000年的历史了。

从出土的器物来看，汉代已有大量的琥珀制品出现，而且多为饰品，南京博物馆收藏有琥珀制司南佩，江西省博物馆收藏有琥珀印、琥珀兽形佩等。

隋唐时期的稀珍品

琥珀在隋唐前仅产于我国的云南边疆，因而来源稀少，十分珍贵。据史料记载，汉成帝皇后赵飞燕有使用琥珀枕入寝的习惯。

《南史》记载潘贵妃的“琥珀钏一只”，就价值“百七十万”，相当于现在的170多万元人民币。

唐宋时期琥珀作为高级贡品传入中国，中国汉文史籍里保存了大量此方面的记载。《册府元龟》卷九七二载，唐代宗大历六年九月(771年)，“波斯国遣使献真珠、琥珀等”。《宋史》卷490亦载，宋真宗大中祥符四年，“大食遣拖坡离进琥珀”。

清·笔洗·琥珀

尺　　寸 7厘米×12厘米×10厘米

鉴石要点 笔洗取整料琥珀雕琢而成，材料硕大规整，材质绝佳。琥珀质地细腻温润，晶莹通透，宝光内敛，包浆自然。

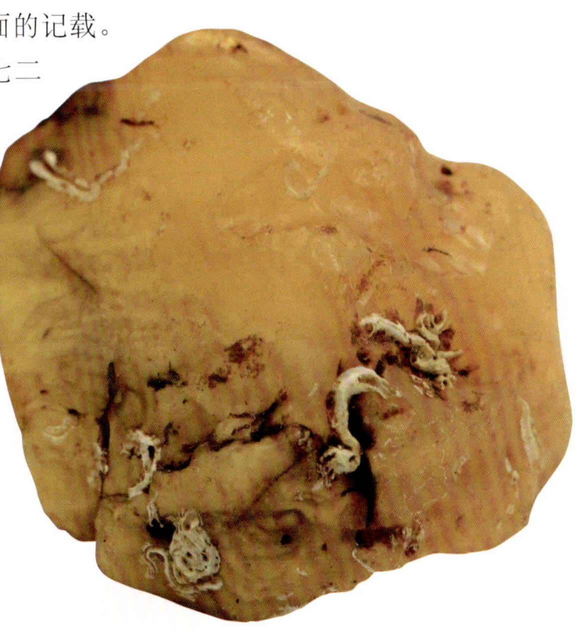

琥珀原石

尺　　寸 4厘米×5厘米

辽金时期贵族的奢侈品

到了辽金时期，出土的琥珀制品骤然剧增。例如1986年在内蒙古奈曼旗青龙山镇东北10千米一个叫斯布格图的小村里发现的辽开泰七年下葬的陈国公主与驸马合葬墓，该墓的构筑规模虽然不大，但随葬器物却非常丰富、精致。

项链坠・美国・琥珀
尺　　寸 6厘米×3厘米

公主与驸马均头枕银枕，身着银丝网络，戴金面具，穿银靴，胸佩琥珀璎珞，束带。公主头戴珍珠琥珀头饰，颈戴琥珀珍珠项链，两腕各戴一副金镯，每个手指各戴金戒指一枚，身佩金荷包、金针筒、铁刀以及各种玉佩和琥珀佩。

辽代之所以有大量的琥珀饰品出现，究其原因有两种说法，一种认为，是辽代的人们找到了数千年来未被发现的辽宁抚顺煤矿中的大量琥珀。但也有研究认为，辽代墓穴出土的琥珀经过科学测定发现，其与波罗的海琥珀的成分构成几乎相同，所以这些琥珀可能是来自波罗的海。

初元・墨西哥・蓝珀原石
尺　　寸 5厘米×5.5厘米

另外，据南宋编著的辽代纪传体史书《契丹国志》卷二十一记载“高昌国、龟兹国、于阗国、大食国、甘州、沙州、凉州，以上诸国三年遣使约四百余人，至契丹贡献玉、珠、犀、乳香、琥珀、玛瑙器……”所以辽代琥珀原料的来源，可能是以进贡或通过商业贸易，来自西域诸国。

明清时期贵族名流的收藏品

到了清代，琥珀被做成官员帽上的顶珠，被串成朝珠，各种琥珀挂珠、琥珀鼻烟壶、琥珀手串、琥珀摆件成为贵族名流经常佩戴和收藏的装饰品。

晶莹剔透的琥珀也引来历代文人墨客的赞美，唐代李白的“兰陵美酒郁金香，玉碗盛来琥珀光。但使主人能醉客，不知何处是他乡”。宋代女词人李清照的“莫许杯深琥珀浓，未成沈醉意先融”。“曾为老茯神，本是寒松液。蚊蚋落其中，千年犹可觌”，这是唐代韦应物的《咏琥珀》，诗中更是道出了琥珀的来龙去脉。早在1000多年前的唐代就对琥珀的形成有如此了解，不得不令人惊叹古人对自然的研究之深。

润・缅甸・蓝珀原石
尺　　寸 5厘米×6.5厘米

辽·浮雕瓔珞·琥珀

尺　　寸 3厘米×5厘米

鉴石要点 瓔珞原为古代印度佛像颈间的一种装饰，后来随着佛教一起传入我国，唐代时，被爱美求新的女性所模仿和改进，变成了项饰。它形制比较大，在项饰中最显华贵。

清·和合二仙·琥珀

尺　　寸 6.8厘米×10厘米

鉴石要点 圆雕技巧刻画二小童形象，稚拙可爱，颇富童趣，具有鲜明的“和睦长寿”的吉祥寓意。

琥珀的特性

琥珀为良绝缘体，摩擦产生静电，导热性差，性脆，易燃，加热到150℃软化，250℃～300℃燃烧，易溶于酒精、汽油、乙醚和松节油中。琥珀的药用价值也非常高，被西方尊为“医学之父”的古希腊著名医生、欧洲医学奠基人希波克拉底(公元前460～公元前377)在著作中陈述道：“紧紧围绕脖子戴上一串用细皮带或是绳子穿起的琥珀珠链，在一些严重头疼、咽喉炎和脖子疼的病例中起到了缓解病痛的功效。”

琥珀的化学特点

琥珀的主要化学成分是碳、氢、氧以及少量的硫。摩氏硬度为2～3度，密度为1.05～1.10克/立方厘米，折射率为1.54，在长波紫外线下发蓝色及浅黄、浅绿色荧光。外表多呈不规则的粒状、块状、钟乳状及散粒状，有时内部包含着植物或昆虫的化石。颜色为黄色、棕黄色及红黄色，条痕白色或淡黄色。具有松脂光泽，透明至不透明，断口贝壳状。

花珀吊坠・琥珀

尺　寸 3.5厘米×2厘米

鉴石要点 吊坠形状简单大方，内部包体清晰可见。佩戴琥珀具有镇静，利尿，活血的功效。

琥珀的药用价值

按科学的检测方法，琥珀内含有3%～8%的琥珀酸（$C_{10}H_{16}O$），以及硅、镁、铁、钙、钾等元素。在医药工业中可用琥珀酸生产磺胺药、维生素A、维生素B等抗痉挛剂、松痰剂、利尿剂和止血药物；而镁、铁、钙、钾等元素也是人体不可缺少的。

琥珀的药用价值在中国也早被人们和医者所关注。很多古代医书都记载着关于琥珀的各种药用功效和使用方法，并把它视为一种名贵的中药。

根据医书记载，琥珀能镇惊安神，散瘀止血，利水通淋。治惊风癫痫、惊悸失眠、血淋血尿、小便不通、妇女闭经、产后停瘀腹痛、痈疽疮毒、跌打创伤等病。炮制的方法是：拣净杂质，捣碎研成细粉内服。

在先秦的大型历史地理典籍《山海经》中就提到过琥珀

的药用效果。在第一章《南山经》第一段中琥珀被称为育沛，佩戴它可以免除腹内结块的病症。而佩戴琥珀手链对风湿病和关节炎病人有益，还可以减轻疲倦和劳累。用相当大的一个琥珀块在身体上进行摩擦可以得到类似的治疗效果。

南北朝刘宋的药典《雷公炮炙论》比较详细地介绍了各种琥珀的药物疗效和炮制方法："凡使红松脂、石珀、水珀、花珀、物象、翳珀、琥珀。红松脂如虎珀，只是大脆文横；水珀多无红色，如浅黄，多粗皮；彼石珀如石重，色黄不堪用；花珀文似新马尾松，心文一路赤一路黄；象珀，其内似有物，极为神妙；翳珀为众珀之长，故号曰翳珀；琥珀如血色，安于布上拭，吸得芥子者真也。夫入药中用，水调侧柏子末安于瓷锅子中，安琥珀于末中，下火煮，从巳至申，别有异光，别捣如粉，重筛用。"南北朝陶弘景所著的《名医别录》称琥珀能"安五脏，定魂魄，消瘀血，通五淋"。

清·素色鼻烟壶·琥珀

尺　　寸　7厘米×7厘米×2厘米

鉴石要点　用黑色琥珀制作而成，通体素面，不加任何纹饰，简洁大方。

唐代甄权所著的《药性本草》中提到琥珀治产后血瘀痛。北宋朱丹溪的《本草义补遗》中写道："琥确属阳，今古方用为利小便，以燥脾土有功，脾能运化，肺气下降，故小便可通，若血少不利者，反致其燥结之苦。"

唐代大医家孙思邈远出行医，必备琥珀用于研制琥珀粉，其认为琥珀可散瘀止血、镇惊安神，可治惊悸失眠，"此乃神药琥珀之功也"。

明代的医药家李时珍在《本草纲目》中也详细描写了琥珀的药用特性：琥珀气味甘、平、无毒，主治镇心明目、止血生肌。

圆棍手镯·蓝珀

尺　　寸　内径5.7厘米

鉴石要点　手镯圆柱形，通体光素无纹饰，全透明，重20.5克。

招财进宝挂坠·琥珀

尺　　寸　6厘米×3厘米
鉴石要点　表面浮雕铜钱图案，寓意招财进宝。

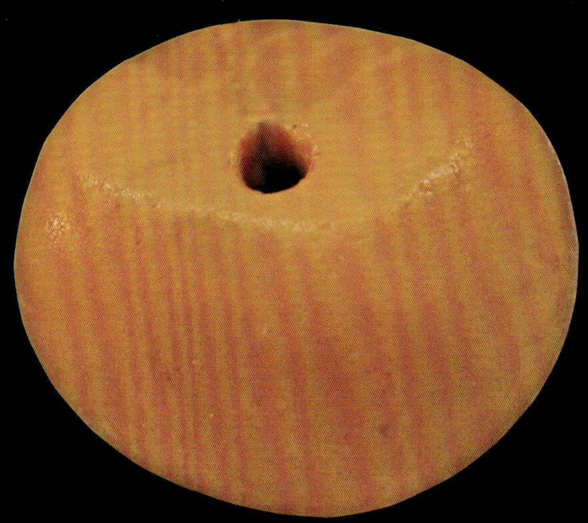

老蜡珠子·琥珀

尺　　寸　4厘米×5厘米
鉴石要点　金珀与琥珀、蜜蜡都是指松树的脂液被埋藏于地下多年后随自然条件的变化而形成的固体。

清·松下高士雕杯·琥珀（正背）

尺　　寸　高4厘米

鉴石要点　郁郁葱葱的松树下几名高士骑马穿行，造型栩栩如生。琥珀光润的油脂呈暗红色，做工也精湛，是清代琥珀饰品中的上乘佳品。

琥珀产生的年代分类

根据琥珀的产生年代，可以将琥珀分为白垩纪琥珀和第三纪琥珀两大类。

白垩纪琥珀

白垩纪是中生代最后的一个纪，距今大约1.37亿年，结束于距今6500万年，其间经历了7000万年。无论是无机界还是有机界在白垩纪都经历了重要变革。

在这一时期，大陆之间被海洋分开，地球变得温暖、干旱。开花植物出现了，与此同时，许多新的恐龙种类也开始出现，包括像食肉牛龙这样的大型肉食性恐龙，像戟龙这样的甲龙类成员以及像赖氏龙这样的植食性鸭嘴龙类。恐龙仍然统治着陆地，像飞机一样的翼龙类，例如披羽蛇翼龙在天空中滑翔，巨大的海生爬行动物，例如海王龙统治着浅海。最早的蛇类、蛾和蜜蜂以及许多新的小型哺乳动物也在这一时期出现了。

清·缠枝雕花碗·琥珀

尺　寸　高2.2厘米

鉴石要点　碗直口，弧壁，圈足，通体缠枝纹饰。此碗形制颇大，枝叶描绘生动，寓意“生生不息”。

目前已见最古老的琥珀，分别发现于英国的诺森伯兰和俄罗斯的西伯利亚地区。这些琥珀是属于距今大约3亿年石炭纪地层之中的产物，比三叠纪还要早近一亿年。但它与真正意义上的琥珀有一定的区别，许多科学家只认可它是树脂化石。

这些化石存在于石炭纪种子蕨（是蕨类植物和裸子植物之间的过渡类型）的树干里，显微镜下可见清晰的黑色发丝般的细纤维。而含昆虫化石的琥珀，年代最久远的则发现在黎巴嫩的白垩纪地层。

除了黎巴嫩外，白垩纪的琥珀在欧洲、北美洲、日本、缅甸、西伯利亚都有发现。不过，随着新的发现，琥珀的年代也不断向前推进，2012年科学家在意大利东北部检查了7万多滴琥珀，在显微镜的帮助下发现了藏在琥珀中的两只肉眼难以看到的微小螨虫和一只比现代果蝇还小的苍蝇，这三只昆虫已经有2.3亿年历史，而且保存完好。这些昆虫生活在三叠纪，比此前发现的最古老昆虫琥珀的年份还要早1亿多年。不论是白垩纪琥珀还是三叠纪琥珀，由于琥珀不断的衍变，通常其年代越老，其颜色越深褐。其硬度也越高而且变得很脆，容易崩裂。在自然环境中，这些上古时代的琥珀最后会变成一堆不堪的小碎片，回归于土壤。

国际琥珀协会的分类界定标准

琥珀鉴定的权威机构在波兰，名称叫做波兰国际琥珀协会专家委员会。最初的琥珀分类结果是他们于1999年董事会通过，修订，2011年12月2日最后修改的结果。国际琥珀协会将波罗的海有色琥珀分为天然、优化、再生、仿冒四大类。

天然琥珀：只对琥珀进行机械处理（打磨、切割、车床冲形和抛光），没有改变任何的自然属性。

改良（优化）琥珀：通过人工的方式对琥珀成品或半成品采用热处理的方式，使透明度和颜色等物理性质发生改变。

再生（压合）琥珀：在不添加其他成分的情况下，在高温高压的环境下，把琥珀碎块和（或）琥珀粉压合成大块的琥珀。

琥珀仿品：原料、成品或者半成品采用的是理化性质与琥珀不同的非琥珀，而没有任何的标注、说明。

第三纪琥珀

第三纪是新生代的最老的一个纪（距今6500万年～距今180万年），这一时期重要生物类别被子植物、哺乳动物、鸟类、真骨鱼类、双壳类、腹足类、有孔虫等出现，标志着“现代生物时代”的来临。现在世界上出产和使用的琥珀大多属于距今6500万~1000万年区间的第三纪琥珀，这一时期的琥珀与白垩纪有较明显的不同，内部拥有丰富的颜色和大量的包裹物。

第三纪形成的琥珀分布广泛，在亚洲、欧洲、北美洲、南美洲等都有出现。其中，亚洲地区的琥珀多是与煤炭伴生，含有蜘蛛、甲虫、蚂蚁等大量昆虫。亚洲出产琥珀知名的地方有：马来西亚的婆罗洲、缅甸北部和印度交界的沼泽地带、中国的琥珀主要产地在辽宁抚顺，河南西峡县和云南有少量产出。欧洲的第三纪产出的琥珀主要有意大利的西西里岛、罗马尼亚的布泽乌区，还有著名的波罗的海周边国家。北美洲的第三纪的琥珀主要产自墨西哥、加拿大北冰洋区域和阿肯色州。化学成分显示，它们来自于龙脑香料树种，但北美洲却从未生长过这个家族的树木。南美洲的多米尼加、巴西、智利的琥珀年龄都是2000万~3000万年，处于第三纪中新世。

项链挂坠·美国·琥珀

尺　　寸　9厘米×6厘米

鉴石要点　水滴形状，质地凝润，上部配银圈，并镶嵌葡萄石，高档华贵。

琥珀的具体产地分类

目前，全世界已知的琥珀产地已经有100多个，每年还在发现新的挖掘点。波罗的海沿岸是全球主要的琥珀产地，这里的琥珀品质上乘，素有“波罗的海黄金”、“波罗的海钻石”之称。波罗的海琥珀分布于波罗的海沿岸的丹麦、德国、波兰、立陶宛、拉脱维亚、俄罗斯的加里宁格勒地区、瑞典以及乌克兰等地。这一区域的琥珀内部的琥珀酸含量较高，世界上近90%的琥珀出自这里。除著名的波罗的海之外，目前已知的琥珀产地还有欧洲的英国、法国、罗马尼亚；西伯利亚北部、地中海意大利的西西里岛；南美洲的多米尼加；在巴拿马运河以北的北美洲的美国南部、加拿大；亚洲的中国抚顺、西峡，日本的九慈、盘城、铫子，缅甸的北部，泰国、印度、朝鲜；大洋洲的澳大利亚和新西兰等地。这些国家出产的琥珀一般都是按照国家的名称命名的，比如多米尼加产的琥珀就称之为多米尼加琥珀，出产自缅甸的称为缅甸琥珀。

金镶钻吊坠·多米尼加·蓝珀

尺　　寸　长2.5厘米

鉴石要点　在紫外线灯照射下，呈现明亮的蓝色荧光效果，显得高贵奢华。重6克。

清·花卉盘·琥珀

尺　　寸　长12厘米

鉴石要点　深红色，全透明，呈扁形。盘体周围雕刻花瓣造型，盘沿也随着花瓣依形顺势，造型灵动别致。

波兰琥珀

波兰位于中欧东北部，北濒波罗的海，海岸线总长528千米，是波罗的海地区琥珀储量最丰富的国家之一，也是对琥珀商业化运作最成功的国家。

波兰加工琥珀的作坊多集中在北方，以格但斯克市为主，这里成为了欧洲琥珀加工企业的主要集中地和世界上最大的琥珀集散地，被很多人称为“琥珀之都”。该市位于波罗的海南岸半圆形的海湾，是格但斯克湾的著名港口城市，也是波兰的历史文化名城。

波兰产的琥珀质地很轻、温润如玉，在1:4比例的盐水中能够浮起，用力摩擦会散发出怡人的松香味。

近年来，随着中国买家对波兰琥珀的追捧，波兰琥珀的价格在5年内上涨了10倍之多，因此也吸引了大量的波兰琥珀商开始进入中国市场。

俄罗斯琥珀

琥珀与紫金、套娃、巧克力并称为俄罗斯的“四宝”，俄罗斯的琥珀储量庞大，据说占世界总储量的90%，每年开采600～700吨，其中约一半可以制作宝石，另一半用于工业原料和医药。

俄罗斯的加里宁格勒是琥珀的主产地，加里宁格勒因临近波罗的海，所以出产的琥珀叫“波罗的海琥珀”，颜色金黄透明似水晶，质地晶莹如珍珠。这里每年生产的琥珀约占世界产量的三分之二。

俄罗斯琥珀分为三个等级，第一等级是可以直接用于制品的琥珀，其产量只占琥珀总产量的10%；第二个等级是经过压缩的琥珀，占产量的30%；还有60%是经过化学加工的琥珀，主要用作高质量的油漆。

福在眼前挂坠·多米尼加·蓝珀

尺　　寸　长5厘米

鉴石要点　蝙蝠振翅待飞，造型栩栩如生，寓意福在眼前。重43克。

乌克兰琥珀

乌克兰的琥珀出产区域主要位于乌克兰的西北部，这里由结晶岩石外围中的早第三纪岩层组成。它们集中在厚6米以上的由碎海绿石、含有丰富腐殖质和黏土介层的中等颗粒的石英砂共同组成的层系中，属于第二次沉积。

乌克兰琥珀含有高浓度琥珀酸，但大多有几毫米厚的深褐色至黑色的氧化外壳。这层壳很脆，很容易与内核脱离，可能是由于这里的沉积层有更强的氧化作用。乌克兰琥珀分层少，颜色均匀，通常含有较大的完整的昆虫，抛光后更适于加工珠宝。新抛光的乌克兰琥珀表面会有天然的淡绿色光彩，但表皮氧化后，淡绿色会消失，只有重新上光后绿色才会重新显现。

意大利琥珀

意大利西西里岛，不仅风光旖旎，也出产美丽的琥珀。这里的琥珀多为橘色或红色，也有部分绿色、蓝色和黑色，甚至有紫色调。这里是蓝珀和绿珀的重要产地，多晶莹剔透，蜜蜡较少见。

西西里岛的琥珀形成的地质年代介于晚白垩纪到古新世之间，距今6000万年～9000万年。西西里出产的琥珀颗粒个体都不很大，据称能达到8～10厘米的都较罕见。

早期收藏的琥珀大多数为明亮的金黄色至橘红色，例如19世纪以前的收藏品，但也有明净的樱桃红、宝石蓝、浅玫瑰、绿色和紫色。西西里岛产的带有荧光的琥珀特别珍贵，并且美丽动人，但随着时间的推移，其中的荧光会逐渐减少。

多米尼加琥珀

多米尼加的琥珀产地主要有两个：一个是该国的圣地亚哥和普拉塔港之间的北方山脉。这个地区大约有10个开采点，位于海拔800～1000米的区域，大部分已挖掘一空。另一个矿区在该国西部的厄尔山，1970年开始开采。这两个矿区的沉积岩多表现在第三纪的灰砂岩中。

琥珀年纪从1700万年～3000万年不等。由于开采方式非常原始，加之受国际上的影响，这里的琥珀产量不高，销售时冷时热。多米尼加琥珀一般都是透明的，呈黄色或橘色，还有珍贵的蓝色、绿色和樱桃红色，最著名的是蓝珀，而且大多为手工加工。

它的特点是琥珀中常含有各种生物，包括千奇百怪的昆虫化石、植物的叶与花、鸟的羽毛和哺乳动物的毛，甚至发现有蜥蜴和青蛙等较大型生物，所以这里的虫珀是收藏中的精品或极品。

首饰盒·波兰·琥珀

尺　　寸 12厘米×8厘米×5厘米

鉴石要点 首饰盒周身由琥珀打制，盒上镶有形状、颜色各异的琥珀装饰。盒子最顶端用琥珀圆雕一瑞兽，做工细腻，造型精美。

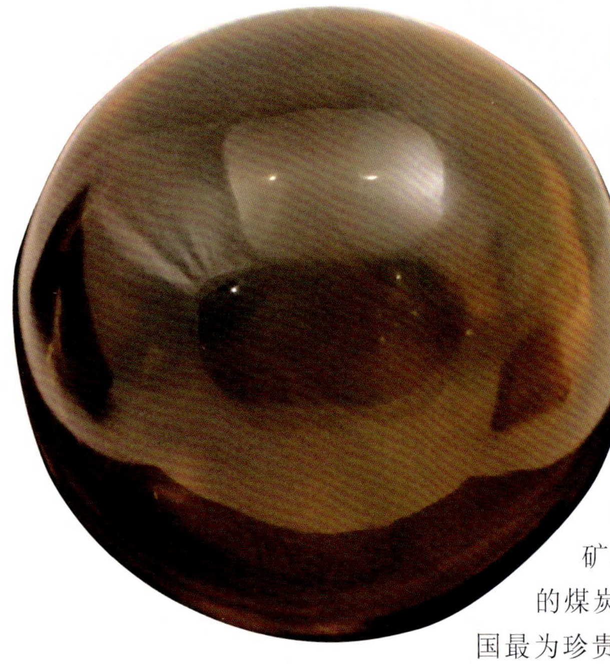

墨西哥琥珀

墨西哥琥珀产自墨西哥东南部什温恰帕斯州，东临危地马拉，南临太平洋。墨西哥琥珀的纯净度、荧光度强，这在其他产地比较少见。颜色多见的有黄色和淡褐色，也有绿色、暗红、红色和蓝色。

罗马尼亚琥珀

罗马尼亚出产的琥珀，颜色之多居世界之首，但都属于深色系列，原因是琥珀矿区含有大量的含硫沉积物，再加上大量的煤炭和黄铁矿会改变和加深琥珀的颜色。该国最为珍贵的是黑琥珀(Dark Amber)，其颜色近于赤黑，但在灯光照射下则呈现枣红色泽，也就是国人所称的翳珀。该地生产的红棕色琥珀在紫外线照射下会产生蓝色荧光。

掌上明珠吊坠・墨西哥・蓝珀

尺　　寸　直径2.5厘米

鉴石要点　墨西哥跟多米尼加中间只距离一个加勒比海，这里产的蓝色琥珀跟多米尼加的很接近。

罗马尼亚出产的琥珀，价格一度高居欧美市场之首，因此年代久远的罗马尼亚琥珀艺术品非常值得收藏。

福豆挂坠・缅甸・金蓝珀（3个）

尺　　寸　3厘米×6.5厘米

鉴石要点　金蓝珀在某些方面与蓝珀非常相似，但本质上又不属于蓝珀，更多的与金珀相似，故取名为蓝金珀。重10克。

缅甸琥珀

缅甸琥珀是亚洲琥珀的最重要来源。缅甸琥珀颜色偏红，主要是暗橘色或棕红色，绝对没有波罗的海琥珀的那种明黄的色调。

缅甸琥珀中最名贵的为明净的樱桃红，这种樱桃红非常稀少，近似于血珀，但更加艳红，是琥珀中的珍品。

缅甸琥珀的特点是含有方解石，而且在空气中氧化后颜色会变得更红。由于方解石的存在，使琥珀的组织致密、硬度增大而且使有些原本较深色的琥珀，变成乳黄与棕黄交杂的颜色。缅甸琥珀多数开采于20世纪初的缅甸北部，其琥珀中含有海底微小生物化石和绝种的昆虫，琥珀的年龄在6000万年到1.2亿年之间。

中国琥珀

中国琥珀的主要产地为辽宁的抚顺与河南的西峡县。其中西峡县的琥珀是在1980年被大量发现的，年代距今约1亿年，主要分布在灰绿色和灰黑色的细砂岩中，面积达600平方千米。西峡的琥珀颜色有黄、褐黄和黑色，呈半透明到透明。大多数琥珀中含有砂岩和方解石及石英包体，过去主要为药用资源，现在开始对裂纹较少的小块琥珀择优进行工艺饰品加工。

云南丽江等地的琥珀也是产自第三纪的煤层中，颜色多为蜡黄，半透明，大小为1~4厘米，品质不高，基本没有大规模的开采。

辽宁抚顺是世界著名的琥珀重要产区，也是我国昆虫琥珀的唯一产地。抚顺琥珀主要产自当地的露天煤矿，因出产优质的无烟煤当地也被称为煤都。抚顺的琥珀颜色多样，虫珀也并不少见，但比波罗的海琥珀中的虫要明显干瘪（因为埋藏时间要长）。

抚顺出产的琥珀主要有金珀、血珀、花珀等。与波罗的海琥珀相比，抚顺琥珀因树种、地热和矿物等原因一般颜色较深，而且颜色多样，波罗的海琥珀一般颜色较抚顺琥珀浅。另外，抚顺琥珀产量比波罗的海琥珀产量少。

观音挂坠·墨西哥·红蓝珀

尺　　寸 3厘米×7.6厘米

鉴石要点 红蓝珀缺少蓝珀那么通体的蓝，是红中有蓝，蓝中带红。重33.8克。

随形项链·非洲·琥珀

尺　　寸　约长0.7厘米

鉴石要点　重28.6克。

佛福在心·墨西哥·红蓝珀

尺　　寸　4厘米×8厘米

鉴石要点　正面蓝色，背面红色。红蓝珀将红蓝两色完美结合，既喜庆又祥和，因此雕件常以留皮浮雕或巧雕为主，而所雕物件皆是有美好寓意的瑞兽、观音、佛像等。重32克。

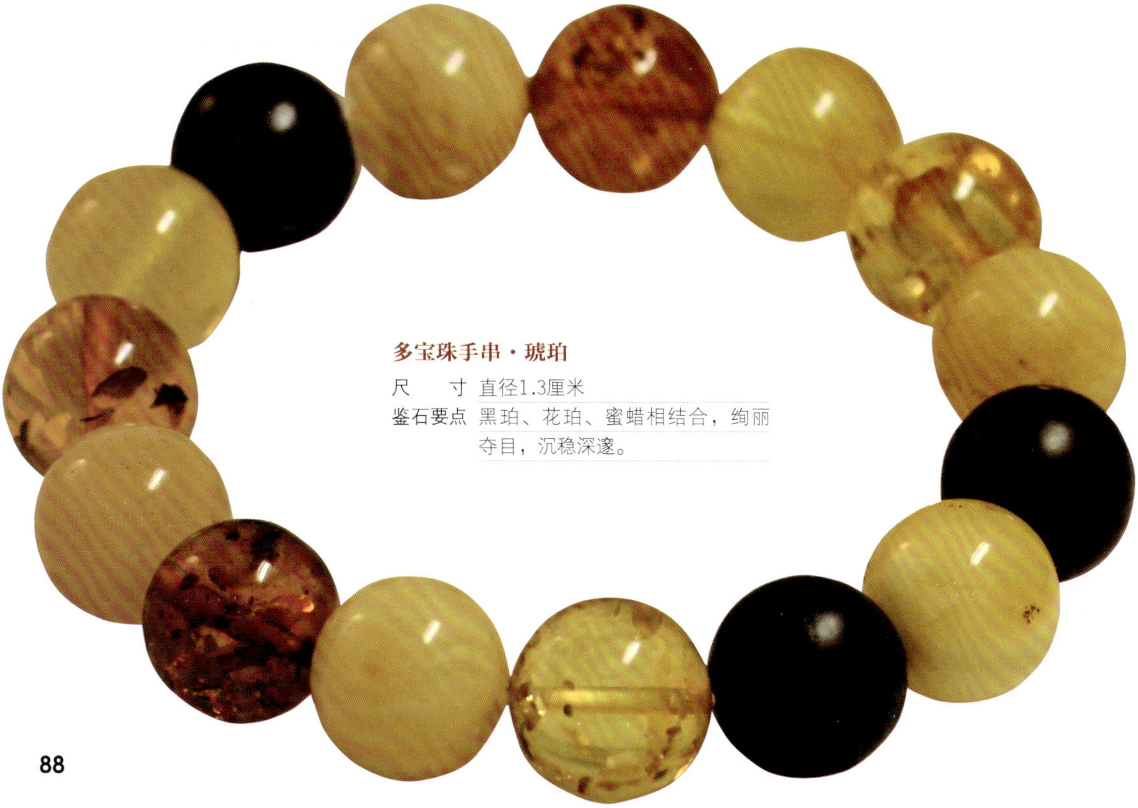

多宝珠手串·琥珀

尺　　寸　直径1.3厘米

鉴石要点　黑珀、花珀、蜜蜡相结合，绚丽夺目，沉稳深邃。

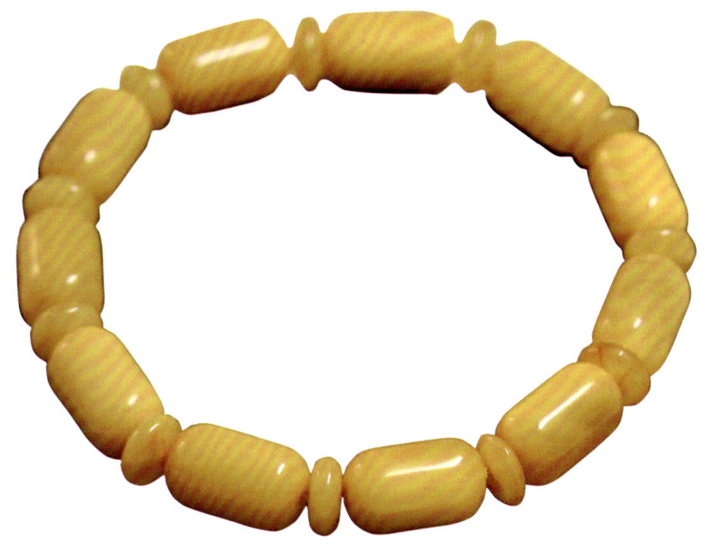

老蜡手串・琥珀

尺　　寸 长2.4厘米

鉴石要点 老蜡是在岁月的沧桑中形成，默默凝结了千年的年华。有的通体透明，有的丝丝飘缈。

花琥珀挂坠・琥珀

尺　　寸 4厘米×2厘米

琥珀品种的颜色分类

中国珠宝市场根据琥珀的颜色、特点划分的品种有金珀、血珀、翳珀、虫珀、香珀、花珀、骨珀、石珀、水珀、明珀、蓝珀、绿珀、蜜蜡等。

金珀

外表呈金黄色，明代谢肇淛《五杂俎·物部四》一书认为："琥珀，血珀为上，金珀次之，蜡珀最下。"金珀在古代被称为"财石"，其色彩鲜亮，华贵引人，具有富贵之美。还有一类琥珀的颜色比金珀要深，被细分为"火珀"。

清·黄色鼻烟壶·琥珀

尺　　寸　高7.2厘米

鉴石要点　随形雕刻，壶身表面布满黄色的蜜蜡，斑斑驳驳，耀眼夺目，配翡翠壶嘴，通透晶莹。

血珀

也称"红琥珀"或"红珀"，其外观色彩有红色、棕色、褐色和咖啡色等，透明晶亮，看起来非常高雅。

血珀的颜色主要是因为琥珀在长期的沉积过程中受到周围土壤或者其他矿体内部的铁离子或者锰离子沁入而成的，其质量好坏主要看色彩、透明度和纯净度（里面有无杂质）。同样是血珀，颜色鲜红、透明度高、里面毫无杂质的是上品。

翳珀

外观呈黑色，是由血珀经历很长时间后形成的，应在第三纪初生代至中生代开始形成，经历大冰河时期而硬化，并慢慢形成黑色的风化层。

翳珀有一个显著而又特别的地方，那就是在强光或是逆光条件下看它，可以在其内部看到红色，非常显眼。翳珀自古以来就被看作琥珀中的上佳之品。李时珍的《本草纲目》中称其为"众珀之长"。宋应星在《天工开物》一书中也称其为琥珀"最贵者，名曰翳，此值黄金五倍价"。

翳珀又可以细分为两种：一种是天然形成，一种则是后天氧化而来。很显然，天然形成的翳珀其品质更高，更受人青睐。

虫珀

虫珀里面包有昆虫的遗体或树枝树叶的残屑，是琥珀中比较珍贵的品种。另外，内部含有其他动物遗骸的琥珀被称为“灵珀”。

目前市场上造假的虫珀也很多，在辨别时要注意：先看内部虫子或动物的大小，遇到个头大就要特别留意。因为出售的真虫珀的小虫都不会太大，而虫子越小造假就越难，一个长不足一毫米的虫子要花极大精力才能收集后再夹在树脂中。

还要看小虫的形状和周围有无挣扎留下的痕迹，有的虫子翅膀会是折的，或是缺腿的，虫子身上还有亮片，应该是挣扎后留下的。假的动作是很生硬的。

花珀吊坠·琥珀

尺　　寸 3厘米×2厘米

香珀

一种含有芳香族物质而具有香味的琥珀，香珀摩擦起来会有一种很香的松香味，一般是黄中带有白色，油润细腻。

有的商家会拿松香来冒充香珀，在鉴别的时候要注意：首先，琥珀与松香来源不同。琥珀是松树脂经多年地下埋藏的化石类物质，而松香为松科植物树干中取得的树脂，经蒸馏除去挥发油后的遗留物。

其次，从外观分辨。正品琥珀呈不规则的块状、颗粒状或多角形；而松香为不规则半透明块状，大小不等，表面黄色，常有一层黄白色的霜粉覆盖其外。

另外，正品琥珀质地松脆，捻之即成粉末；而松香质

清·缠枝雕花洗·血珀

尺　　寸 长6.4厘米

鉴石要点 通明透亮，血丝均匀，笔洗由一整块血珀随形雕琢而成，通体雕刻缠枝花纹，古韵悠长。

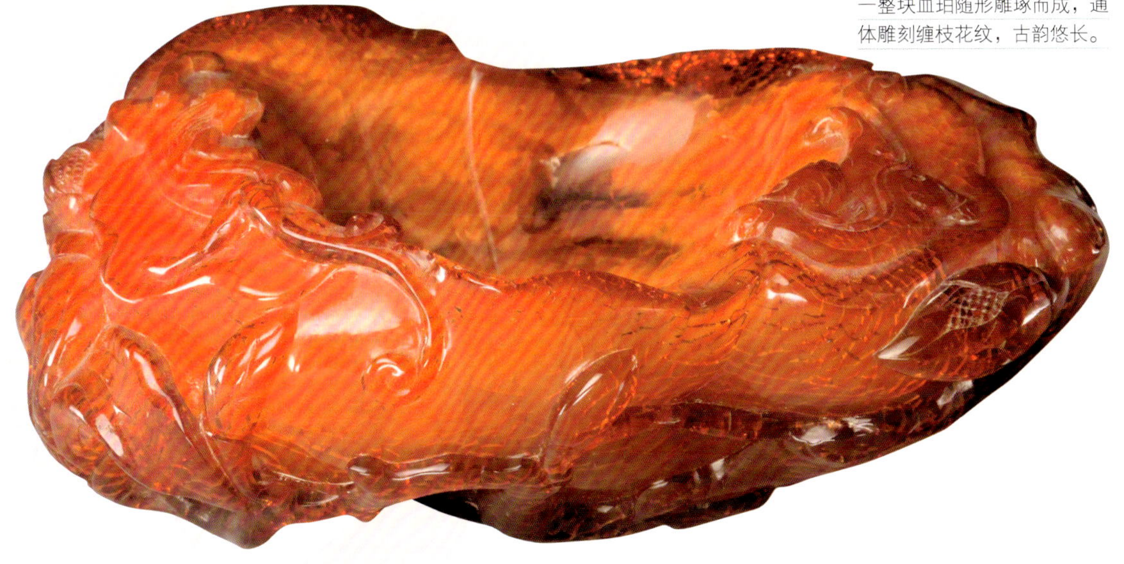

地脆而硬，常温下手捻不碎。正品琥珀用火烧的时候容易点燃，有爆炸声，冒白烟，微有松香气味；而松香用火烧也易燃，但冒的是棕色浓烟，并有浓浓的松节油臭气。

花珀

顾名思义，里面包有些许花瓣和树叶碎屑，花色很美，颜色纷繁多样，个中透着一股灵气。花珀的熔点低，易熔化，怕热，怕曝晒，花珀制品应避免太阳直接照射，不宜放在高温的地方。花珀易脱水，过分干燥易产生裂纹。

骨珀

这种琥珀看起来很像骨头，颜色黄中带白。上万年前，森林里发生了大火，一些没有接触到明火的松脂幸运地被保存了下来，但由于经历了高温，其内部也发生了质的变化，森林中燃烧后的草木灰散落其上，后由于地壳运动被埋入土中，经过石化后就形成了骨珀。

骨珀颜色和白蜜蜡相近，但其表面通常都有条纹或掺杂其他颜色，大部分骨珀表面干涩，质地松软，不容易抛光，缺少常见珠宝的光泽，有的还有裂纹。骨珀内部含有大量琥珀酸，对人体健康十分有益。

石珀

琥珀是一种生物化石，但石化程度高、看起来真像石头的琥珀就只有石珀了。它因为产生于石头缝，离地面比较近，所以也是所有琥珀中硬度最高的。

水珀

内含水滴，也叫水胆琥珀。水珀一般为淡黄色半透明卵状晶体，比较少见。

明珀

也称为“清珀”，这类琥珀的颜色非常淡雅，接近无色透明。

鱼把件·琥珀（正背）

尺　　寸　4.5厘米×7厘米

鉴石要点　该把件选材天然琥珀精做而成，以圆雕技法雕琢，工艺精湛考究，鲤鱼造型惟妙惟肖，寓意吉庆美好。重147.09克。

蓝珀

蓝珀也是异常珍贵的琥珀种类，有“琥珀之王”之美誉。其神秘而高贵的蓝色在不同的光照条件下变浅变深，色彩迷幻，奇异动人，日前的市场价格也非常高。

绿珀

指在内部呈现出淡绿色的琥珀，主要产地有罗马尼亚、南美洲。与蓝珀颜色的形成相同，绿珀的颜色也是在阳光下产生的一种光学现象。但如果对着光源观察，绿珀和蓝珀都是金黄色或者蜂蜜色甚至是红色的。

蜜蜡

蜜蜡是不透明的琥珀，因其蜡质得名，是比较特殊的一类。人们常说，千年琥珀、万年蜜蜡，似乎蜜蜡形成的年代要比琥珀更加久远。事实并非如此，这种说法只是商家的一种推销说词。蜜蜡和琥珀是同种物质，都属于有机宝石，它们形成于同一个年代，从1700万年到上亿年的都有。

蜜蜡有新、老之分。所谓老蜜蜡，一种是指蜜蜡原料开采出矿，经过多年自然风化氧化的天然蜜蜡原矿。另一种是具有一定历史和岁月痕迹的天然蜜蜡饰品或物件。与新蜜蜡相比，老蜜蜡大多是红橙色，这主要是经久氧化的缘故。常见的蜜蜡为金黄色、淡黄色为主。在珠宝市场上，当蜜蜡与透明的金珀、明珀混合在一起的时候，还被称为金包蜜、金绞蜜、金带蜜等。

佛珠手串·蜜蜡

尺　　寸　大珠直径3厘米

鉴石要点　蜜蜡珠手串，历经沧海桑田，包浆圆润，风化完美，托在手上赏玩时，一种厚重之感油然而生。重284克。

手串·蓝珀

尺　　寸　直径1厘米

鉴石要点　材质通透，无杂质，颜色亮眼，漂亮、大气。共计18粒。

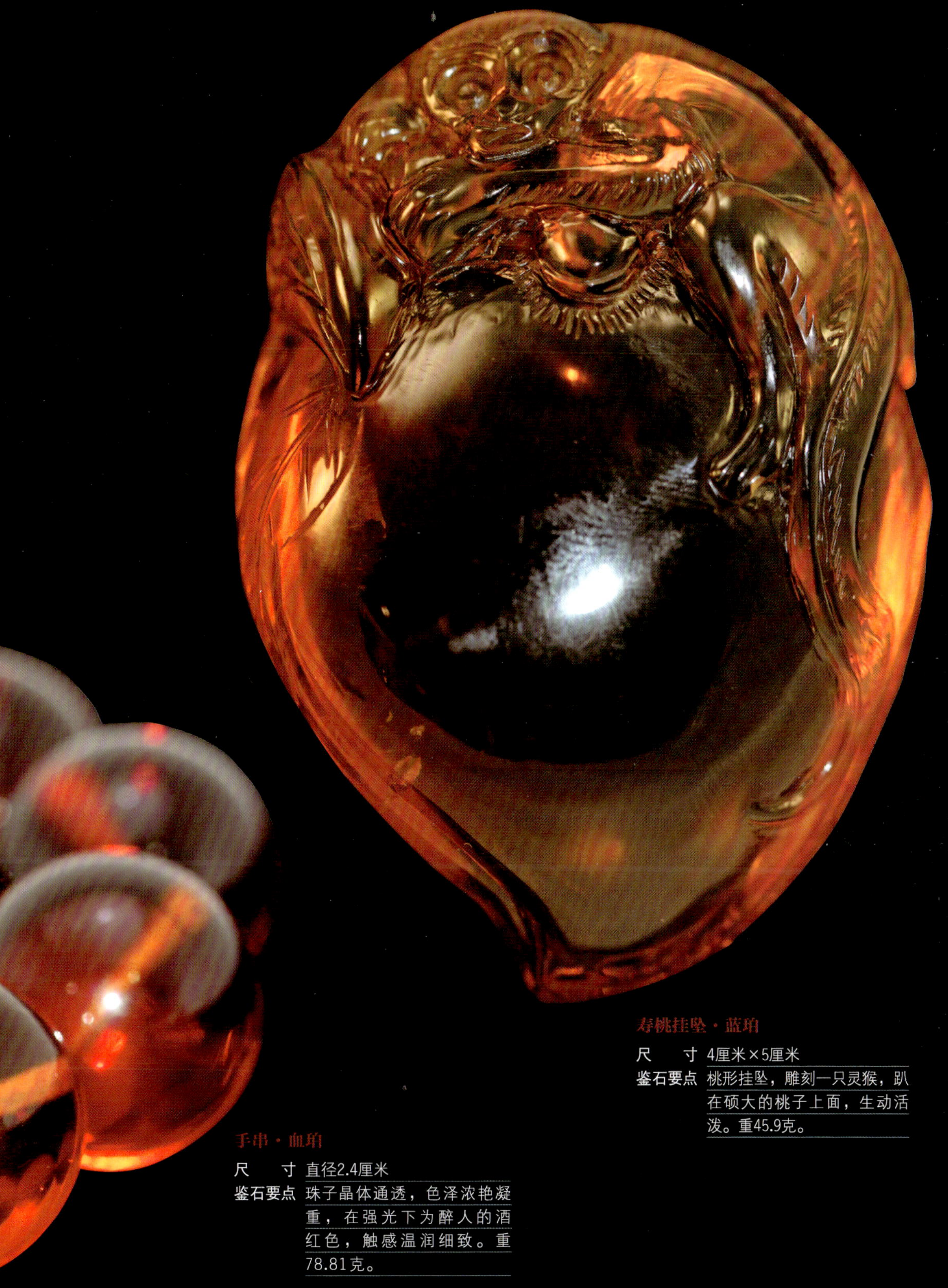

寿桃挂坠·蓝珀

尺　　寸 4厘米×5厘米

鉴石要点 桃形挂坠，雕刻一只灵猴，趴在硕大的桃子上面，生动活泼。重45.9克。

手串·血珀

尺　　寸 直径2.4厘米

鉴石要点 珠子晶体通透，色泽浓艳凝重，在强光下为醉人的酒红色，触感温润细致。重78.81克。

被誉为“琥珀之王”的蓝珀

琥珀分类繁杂，依据琥珀的形成和成色以及质地等因素，琥珀还可划分为60多个种类。因为分类纷繁复杂，每一种颜色的琥珀储量并不明确，其价格高低大多根据市场的炒作，炒哪个颜色，哪个颜色就会上涨。

国宝的身价

蓝珀是最近两年琥珀市场上的热门品种，主要产地在中美洲的多米尼加共和国，被誉为该国国宝。蓝珀原本是地层中普通的琥珀，因数千万年前多米尼加火山爆发的高温，使地层中掩埋的琥珀发生热解，而热解过程中产生的荧光物质——多环芳香分子融入琥珀之中，这便是蓝珀神秘色彩的形成核心。

钟馗手把件・墨西哥・蓝珀

尺　　寸　4厘米×7厘米

鉴石要点　钟馗是唐朝人，有一年，他考中了状元，可是他长得太丑，皇帝决定取消他的状元资格，不录取。钟馗因为气愤自杀身亡。唐朝天子知道后，非常懊悔，追封他为“驱魔大神”，担任消灭妖魔鬼怪的工作。

霸主的地位

多米尼加琥珀产量仅占全世界产量的1%，而其中蓝珀年产量在琥珀产量中更不足3%，如此弥足珍贵，加之它美丽的光学效应，奠定了蓝珀在琥珀界中的霸主地位。

不同于一般琥珀只能显现一到二种色系，蓝珀会随着光线变幻，呈现出蓝、绿、黄、紫、褐等五种以上的颜色，其深邃独特的美感，使其在欧美市场上常被用在高档珠宝及艺术收藏品中。

等级的划分

整体上，蓝珀的体色为淡黄色，对着光的表面呈蓝色，这种蓝色在太阳光或明亮的白光下更为明显，而且蓝色会随着光的照射角度的变化而灵活移动。

上等的蓝珀（天空蓝）在白底自然光线下，是淡黄而纯净的，在变化角度时肉眼感觉到轻微蓝色反应，在深色底色和自然光线下会出现强烈的天蓝色，在紫光灯下，会出现很强烈的蓝色荧光（绝大多数矿珀品种都会出现这样的情况，

鱼牌·多米尼加·蓝珀

尺　　寸 2厘米×4.5厘米

鉴石要点 江南可采莲，莲叶何田田。鱼戏莲叶间，鱼戏莲叶东，鱼戏莲叶西，鱼戏莲叶南，鱼戏莲叶北。重31克。

弥勒佛·多米尼加·蓝珀

尺　　寸 3厘米×5厘米

鉴石要点 线条流畅，造型饱满，弥勒佛喜笑颜开，大耳垂肩，袒胸露怀，憨厚自在。重16克。

不是判断是否蓝珀的依据）。

蓝珀的等级是依据颜色和杂质的多少来评定的，杂质越少，蓝色的色度越趋向天蓝的为最佳，一般以几乎没有杂质的定位AAA级别，略有杂质的AAB，再多杂质的ABB、BBB等。

如果肉眼在自然光线下看到有绿色反应的珀体，一般称为蓝绿珀，或者就是绿珀。

天然蓝珀与压制蓝珀的区别

天然蓝珀内部通透但蓝色多不均匀，多数在强光灯下会呈现颜色深浅不一的现象，在紫光灯下会呈现明显的蓝色荧光反应，并多集中在表面，不会因为多次抛光而消失；压制蓝珀内部常见红纹，颜色均匀但光晕呆涩。染色蓝珀通常内部就有明显的蓝色，由里至外颜色均匀，在紫光灯下无蓝色荧光反应。近年来由于蓝珀的升温，一种产自缅甸的琥珀也被当做蓝珀销售，实际上缅甸并不产蓝珀，是一种金蓝珀。

墨西哥蓝珀与多米尼加蓝珀的区别

墨西哥琥珀产自墨西哥的东南部恰帕斯州。东临危地马拉，南临太平洋。墨西哥琥珀和多米尼加琥珀简直就是一对孪生兄弟，不论是形成年代，形成的树种，形成的环境，甚至是颜色都是完全的一样，从地理环境上看，恰帕斯州距多米尼加共和国直线距离不过800千米，都属于岛国，两地同属一个大陆架，极有可能是在千万年前分裂开的。

多米尼加有着较多的火山，其蓝珀的矿体上常常有火山灰的存在，而且还有非常明显的龟裂纹。而墨西哥蓝珀原矿则没有这么明显的特征，但是其矿皮厚度不高，一般都只有薄薄的一层。

另外，两个地方虽然都是蓝珀的品种，但它们的颜色有着较大的区别。颜色在原矿时还没有多大的区别，只要将它们打磨过后，差异便明显表现出来了。多米尼加蓝珀的颜色更偏重于蓝色调，个别情况甚至发紫。墨西哥蓝珀则属于绿蓝色调，蓝中可以看见一些绿意。

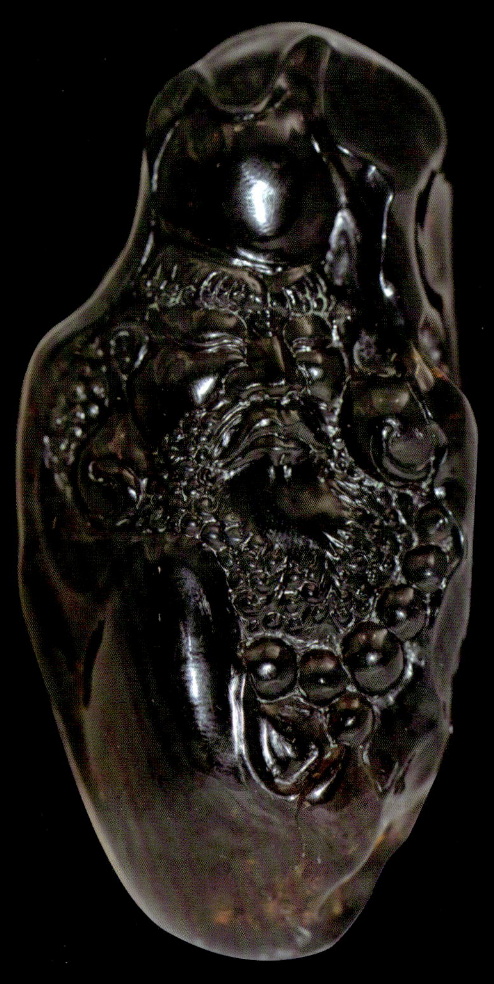

达摩手把件·多米尼加·红蓝珀

尺　　寸　4厘米×7厘米

鉴石要点　达摩秃头虬髯，高鼻深目，隆嗓长耳，面似胡人，表情坚毅威严。重70克。

观音挂坠·多米尼加·蓝珀

尺　　寸　4厘米×8.5厘米

鉴石要点　观音盘螺旋高髻，发丝细密，修眉似柳叶，直鼻小口，面容安详，双目微合。重75克。

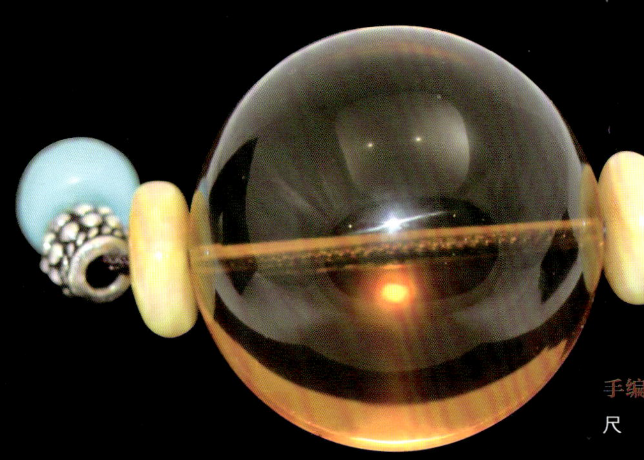

手编挂坠珠·墨西哥·蓝珀

尺　　寸　直径2.7厘米

观音挂坠·多米尼加·蓝珀

尺　　寸 3.5厘米×7厘米

鉴石要点 观音面容秀丽，双目微闭，神情娴静温婉，若有所思。重69克。

琥珀的捞采与矿采

琥珀按产地还可以分为海珀和矿珀。海珀以波罗的海沿岸国家出产的琥珀最著名。矿珀主要分布于缅甸、多米尼加及中国抚顺等地，常产于煤层中，与煤精伴生。

波罗的海琥珀的开采

波罗的海琥珀大多埋藏于海底、沙地之中，开采琥珀的方式也不尽相同。最古老、也是最简单的采集方式就是在沙滩用网捞。

在波兰，迄今仍在使用的一个办法是刮大风时用网打捞琥珀。每年冬季，当海浪把沉积在海底的琥珀卷到岸边，就迎来了打捞琥珀最好的时机。最初用来采集琥珀的工具非常简单，用一只网眼细小的网兜，在沙滩和较浅的海水里打捞。

当然，这些小颗粒的琥珀价值并不高，想要得到质优块大的琥珀，就必须借助专业的潜水设备，沉入海底二三十米处的琥珀矿层。在冬季冰冷黑暗的海底寻找琥珀既危险又辛苦，需要由具有专业开采经验的潜水员来完成。

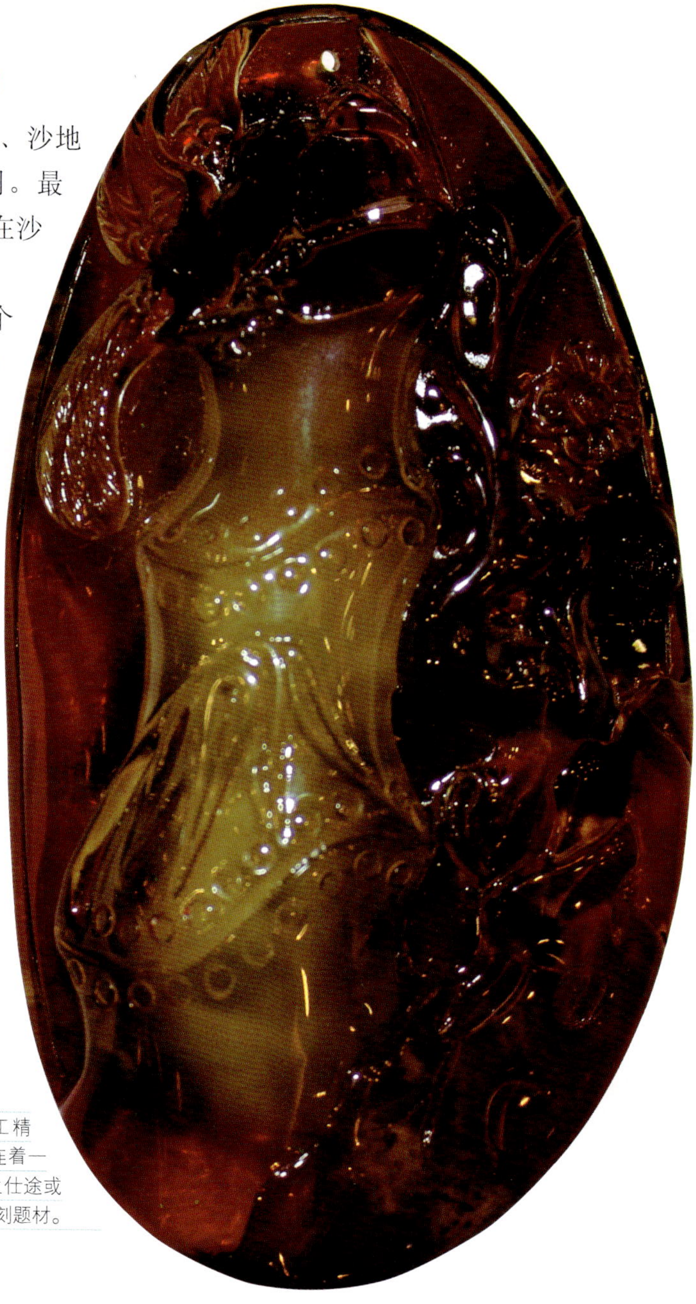

节节高挂坠・琥珀

尺　寸　4厘米×6.8厘米

鉴石要点　因材制宜地雕刻寥寥数片竹叶，雕工精湛，线条流畅。竹子中空多节，一节连着一节，一节比一节高，常被用来象征人生仕途或财运的节节攀升，为寓意吉祥的常用雕刻题材。

这些从海水中打捞出来的块状琥珀，被称为琥珀原石。琥珀加工厂家会根据每块原石不同的尺寸，质地和颜色，巧妙设计它的用处。经过研磨、切割、抛光、镶嵌、雕刻等一系列工艺，所完成的作品才是市场上优雅夺目的琥珀饰品。

根据波兰法律有关规定，琥珀开采权由地方政府决定，不需要环境部批准，也不需要中央政府许可。

矿珀长期处于地底，丰富的矿物、泥土杂质以及微量元素的混入，使不同的矿珀开采方式也不同。

花珀吊坠·琥珀

尺　　寸 4.5厘米×2厘米

缅甸琥珀的开采

缅甸琥珀产于缅甸北部和印度交界的沼泽地带,人烟罕见，当地的土著人每年夏天在沼泽地里观察，发现有冒水泡的地方就插上标记，到了冬天旱季水退去时就去挖采。

多米尼加琥珀的开采

多米尼加琥珀原料的开采挖掘工作一般在山上进行，由于其深埋在地下，矿工们首要的工作就是探矿，每当矿工掘到灰青色的沙岩时都会警觉起来，如果再见到带有贝壳的褐煤时几乎能肯定琥珀就在附近，这是矿产的指标。由于琥珀随着水流前进，停泊于不同的地点，因此琥珀伏藏于不同的地点，有时一处连产了二三百千克的琥珀原石，但是再往前挖掘几尺却完全不见一片琥珀。矿工师傅除了要会辨认土层矿脉外，还得具有特异的感觉，能意识到琥珀的所在，否则连连挖空，以后连助手都找不到。这些矿工们三五成群带着十字镐、铁锥等原石工具来开掘坑道，从不用炸药和重机械。因为琥珀硬度低，炸药一轰，琥珀就变成了碎片，所以开采琥珀是很辛苦的工作。

花珀吊坠·琥珀

尺　　寸 4厘米×2厘米

抚顺琥珀的开采

辽宁抚顺地区所产的琥珀埋藏在几十米厚的煤层之中，最早是采煤工人挖煤所得。虽然天然琥珀是金黄色的，但刚开采出来的琥珀和煤难以区别，因为刚出土的琥珀外表包裹着一层黑色的外皮，用刻刀刻开外皮，才可以看到金黄色的琥珀。随着琥珀价格的上涨，现在有专门的采珀工人用鹤嘴锤沿着琥珀分布线挖刨。

蜜蜡手串·琥珀

尺　　寸　直径0.5厘米

鉴石要点　此件蜜蜡手串由108颗圆珠串成，中间隔以血珀小珠。形制古朴圆润，光泽纯美含蓄，色泽橘红，包浆酥润，宛若婴儿脸颊。共计108粒。

花珀吊坠·琥珀

5.5厘米×2厘米

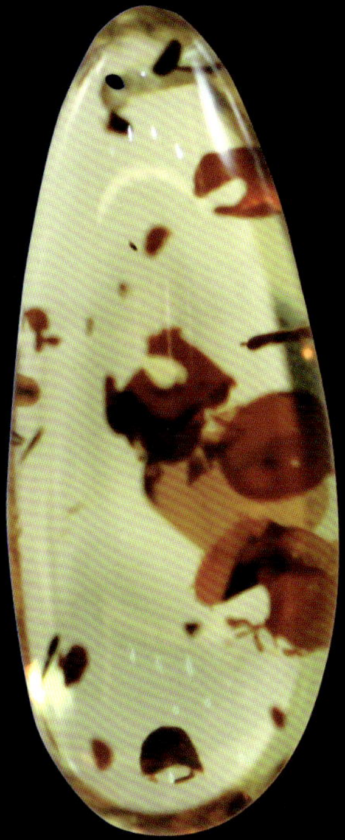

花珀吊坠·琥珀

4.5厘米×2厘米

花珀吊坠·琥珀

4.5厘米×2厘米

笑口常开挂坠·蓝珀

尺　　寸 4厘米×7.8厘米

鉴石要点 弥勒佛袒腹趺坐，腰肢粗大，笑口大开，神情温和，寓意“皆大欢喜”。重59.88克。

琥珀的选购技巧

综观珠宝玉石市场与文玩市场，琥珀依然是小众产品，虽极具收藏价值，但市场透明度较低，种类繁多，价格起伏较大，而且鱼龙混杂。购买或收藏琥珀应把握六大原则。

选购的六大原则

一是，保真。琥珀是有机宝石，从20世纪40年代起，各种合成琥珀轮番上演，造成琥珀市场混乱不堪。

二是，块大。收藏任何宝石和稀缺资源，个体块头大永远是保值升值的真理。特别是琥珀原料收藏，体积大、形状规整非常重要。

三是，有虫，有植物，虫和植物越完整和清晰就越值钱。

四是，有内容、有景致。有些原石里面会有各种各样的景致与色彩，呈现立体形状，丰富多姿，有的如晚霞夕阳，有的好像晨雾薄起，有的像森林草原，有的像湖光山色。这种美的享受，与收藏者灵魂深处进行碰撞，形成了收藏的华美乐章。

五是，净度。

六是，颜色。琥珀家族中最值得收藏的莫过于金珀，金珀中以金黄色为佳品；其次是蓝珀和绿珀，虽然这两种琥珀石化的年代较短，但是两种琥珀属于琥珀中稀缺的颜色，因此也非常值得投资和收藏。

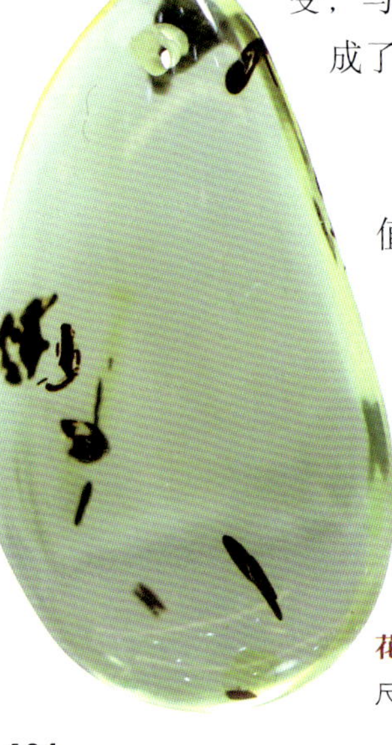

花珀吊坠・琥珀
尺　寸 3.5厘米×2厘米

寿星・金包蜜琥珀
尺　寸 4厘米×6厘米，重达62.73克。

选购的主流市场

琥珀艺术品原在国际艺术品市场上行情平平，收藏者很少，直至1986年后，随着台湾地区的宗教文物市场盛行，琥珀开始在台湾、香港、新加坡、日本等地区流行，收藏者日益增加，价格因此一路上涨。近几年来不少欧美艺术品爱好者也争相加入收购的队伍，促使琥珀成为艺术市场中的“新宠儿”。

佛挂坠·金包蜜琥珀

尺　　寸 4厘米×2厘米

算盘珠手串·金包蜜琥珀

尺　　寸 直径1厘米

鉴石要点 算盘珠形，色泽鲜艳，大小均一，28粒。

单面罗汉手串·血珀

尺　　寸 直径1.8厘米

鉴石要点 13粒，中间用金珀做隔珠，重23.95克。

琥珀的优化处理和仿制品

钻石有国际通用的4C分级标准，琥珀的评价标准也差不多，都是根据大小、颜色、纯净度、加工工艺水平等来做出综合的判断。传统的琥珀处理方式是打磨，现在有覆膜，还有热处理、净化、爆花等，这些手段都是为了让琥珀看起来更加漂亮。工厂加工时给琥珀覆膜，可以省去抛光环节，但覆无色膜是国家标准允许的，覆有色膜是国家标准不允许的。

热处理

现在比较常见的琥珀处理方式是热处理，这也是国家标准允许的。不只是琥珀，红宝石、蓝宝石都要经过热处理，它是人工模仿和延续大自然未完成的过程，所以在国家标准中，经过热处理的珠宝玉石都可视为天然宝石。

市场上大多数的老蜜蜡也是热处理的，但这个过程是在相对较低的温度下连续加热几个月才能完成，掌握这些技术的只能是比较有实力的加工厂。

净化处理

采用这种处理方法的目的是为了增加琥珀的透明度，所以也称“净化处理”，就是将云雾状的琥珀放入植物油中加热，经过加热后去除了导致云雾的微小气泡。

用加热法处理琥珀的时候要特别注意，在冷却过程中倍加小心，否则将会出现圆形的应力裂缝。这些裂缝有时被叫做“睡莲叶”或“太阳光芒”。琥珀可通过加热使颜色变深。

花珀吊坠·琥珀
尺　寸 4厘米×2.5厘米

压制处理

目的是将一些块度过小、不能直接用来制作首饰的琥珀压制成大块，做法就是将琥珀碎屑在200℃～250℃的温度及特定的压力下烧结，而后将其放入细网筛通过挤压结成较大的块，这种压制成的琥珀也被称为“压制琥珀”、“再造琥珀”、“溶化琥珀”或“模压琥珀”。压制琥珀的物理性质与琥珀相似，主要鉴别特征如下。

〖内部特征〗

早期产品常含定向排列的扁平拉长状气泡及明显的流动构造生成的明、暗条带，琥珀颗粒间可见颜色较深的表面氧化层，后期压制的琥珀透明度高，不存在流动构造及明暗的云雾状区，表现为糖浆状的搅动构造。未经压制处理的琥珀内含气泡多呈圆形，常含动植物碎屑。

〖放大观察〗

有粒状结构，抛光面上可见相邻碎屑因硬度不同而表现出来的凹凸不平的界限。

〖正交偏光镜下〗

再造琥珀表现为异常双折射，天然琥珀的典型特征是局部发亮。

〖压制琥珀的密度〗

在1.06克/立方厘米以下，略低于天然琥珀。

〖短波紫外光下〗

压制琥珀比天然琥珀的荧光强，压制琥珀为明亮的“白垩蓝”色，天然琥珀为浅的白、蓝、黄荧光。

染色处理

琥珀在空气中暴露若干年后会变红。染色可模仿这种老货，染成红色，还可染成绿色或其他颜色，放大观察，注意裂隙中的颜色。

涂层处理

用环氧树脂来涂软的材料，其外部变结实。显微镜下会发现常有磨损或剥落处。

燃烧处理

通过燃烧弧面宝石的底面使琥珀呈浅绿色。

柯巴树脂（硬树脂）

柯巴树脂生成时间小于200万年。浅黄色、无色至橙色，表面具裂纹。柯巴树脂是比琥珀年轻的树脂，具相似的物理性质、化学性质、比琥珀易裂，发育表面裂纹易溶于酒精、乙醚，也可含昆虫，摩擦有松香味，这种气味来自树中未挥发的植物油，而琥珀中已不含这些植物油，产于新西兰和非洲。柯巴树脂在150℃时熔化。

喀乌里树胶

比树脂更年轻，生成时间小于4万年，通常透明，黄色或橙色，也可无色，表面具裂纹。

琥珀的其他仿制品

很多都是树脂，所以物理性质几乎相同。还有一些仿制品如玻璃、有机玻璃、玉髓、电木、塑料、赛璐珞等，其密度都大于琥珀。

花珀吊坠・琥珀
尺　　寸 6厘米×2厘米

琥珀鉴别真伪法

和其他的宝玉石一样，在利益的驱动下，琥珀也不可避免地遭受到被假冒的命运。著名的假虫珀“The Piltdown Fly”曾被收藏在伦敦自然历史博物馆中。1850年和1966年，德国两位古生物学家对它进行鉴定，发现里面的大型家蝇远远晚于琥珀形成的年代，因而对它提出质疑。这些质疑直到1993年，在显微镜和特别仪器的帮助下被确认。仪器下看到位于家蝇周围和穿过琥珀的两条裂痕，最后判断这是将一整块天然琥珀一分为二，然后挖洞将家蝇填进去再进行合成。现在市场上的假琥珀很多，重量、色泽都和真琥珀差不多，一般人很难辨认。假琥珀有两种，一种是用柯巴树脂、松香等天然树脂来冒充琥珀，另一种则是用塑料等材质人工合成类似于琥珀的物质。

清·何仙姑摆件·琥珀

尺　寸　12厘米×5厘米×4厘米

鉴石要点　何仙姑常手持荷花，因为荷花性高洁，可修身禅静。民间总把何仙姑作“荷仙姑”，认为她是荷花仙子。

硬度测试法

琥珀的硬度为摩氏2～3度，是一种较软的矿物质，类似于寿山石、昌化石等印章石，非常容易雕刻，因此使用恰当的刮擦方法，就可以辨别真伪。刮擦天然琥珀的表面会产生细小的粉末，而刮擦人造树脂的表面会呈螺旋状刮痕。

热针测试

这是利用物质熔点不同的特性，用烧红的热针插入要检测的样品中，如果是柯巴树脂则容易融化并放出淡香味，而琥珀不易融化，但会冒出浓烈的黑烟。

溶解性测试

天然琥珀对乙醚和各种溶剂的反应很弱，由柯巴树脂制成的仿制品，对乙醚和丙酮(指甲油去光水)产生反应。将样品擦干净，滴一滴乙醚或者丙酮在样品的表面上，等乙醚或者丙酮蒸发后，再滴一滴至同一位置，柯巴树脂会变黏，而琥珀则不会发生变化。

在紫光灯下观察

柯巴树脂也称柯巴脂，是一种天然树脂，来自植物汁液。在短波的光下观察，树脂的颜色几乎不变，琥珀会发生蓝色的荧光。

佛珠·血珀

尺　　寸 直径0.5厘米，108粒。

摩擦测试

用软布大力摩擦样品，琥珀会释放出树脂香，同时会带静电，易吸起碎纸片，而柯巴树脂会变软。

味觉测试

在适中的皂液中清洗，后用清水洗净，琥珀没有任何味道，而塑料等仿制品都有难闻的化学物品味。

浮力测试

天然琥珀质地很轻，可以利用测密度的原理来进行辨别。将琥珀放入饱和的食盐水中，琥珀会漂浮在液面上，某些柯巴树脂和各种塑料均会沉底。

这是因为饱和食盐水密度为1.33克/立方厘米，纯天然琥珀的密度在1.05～1.10克/立方厘米之间，低于饱和食盐水，因此能够漂浮起来，但是这种方法只适用于非琥珀的仿冒品。压制琥珀是用天然琥珀的边角料压制在一起的，它的密度和天然琥珀相差无几，也能漂浮在食盐水上，所以此法无法甄别天然琥珀和压制琥珀。

福在眼前挂坠·金包蜜琥珀

尺　　寸 3厘米×5厘米，重14.46克。

内含物测试

柯巴树脂由于石化程度极低，内含物通常为白色，即使有昆虫也是如此。

偏光测试

天然的琥珀在偏光镜下观察，会有一道天然的七彩光出现在琥珀上方。而人工加工的或经过高温处理的琥珀则没有。需要注意的是，在测试时至少要使用3种以上的方法，如其中任何一项失败都证明样品不是琥珀。

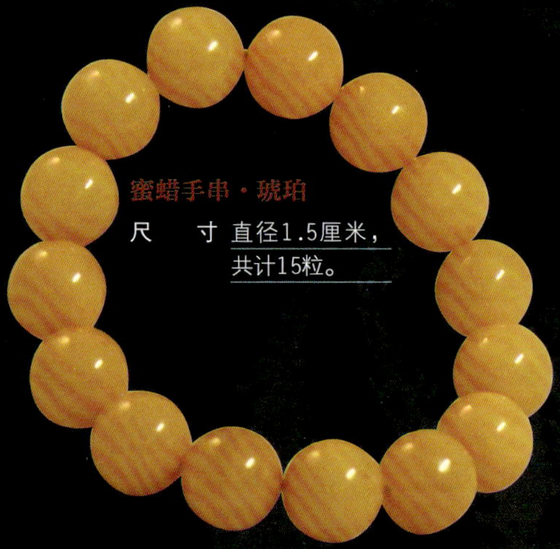

蜜蜡手串・琥珀

尺　寸 直径1.5厘米，共计15粒。

帆船摆件・立陶宛・琥珀

尺　寸 15厘米×19厘米

鉴石要点 船帆造型精美，有一种迎风破浪之势，寓意一帆风顺。

手镯・蓝珀

尺　寸 直径5.6厘米，重达31.9克。

鱼手把件·金包蜜琥珀

尺　　寸 长11厘米，重115.39克。

花珀项链·金包蜜琥珀

尺　　寸 直径0.7厘米，共计108粒。

手串·血珀

尺　　寸 直径1.7厘米，共计17粒。

琥珀的保养

琥珀属于有机宝石，易溶于有机溶剂，如指甲油、酒精、汽油、煤油、重液中，应避免触及化学药品，也不宜放入化妆柜中。

防摩擦善保养

琥珀性脆，硬度低，不宜受外力撞击，应避免磨擦、刻划，防止划伤、破碎。收藏琥珀时应以单件存放，避免与硬质首饰一起保存，以免擦撞而造成刮痕。琥珀的熔点低，易熔化，怕热，怕暴晒，琥珀制品应避免太阳直接照射，不宜放在高温的地方。琥珀易脱水，干燥易产生裂纹。

防刻划善擦拭

琥珀与硬物摩擦会使其表面出现毛糙，产生细痕，所以不要用毛刷或牙刷等硬物清洗琥珀。当琥珀染上灰尘和汗水后，可将它放入加有中性清洁剂的温水中浸泡，用手搓洗冲净，再用柔软的布擦拭干净，最后滴上少量的橄榄油或是茶油轻拭琥珀表面，稍后用布将多余油渍沾掉，可恢复光泽。

清·荷塘情趣笔洗·琥珀

尺　　寸　9厘米×6厘米

鉴石要点　质地温润、色彩艳丽、晶莹剔透，几只青蛙在荷塘中自由嬉戏，造型活泼生动。

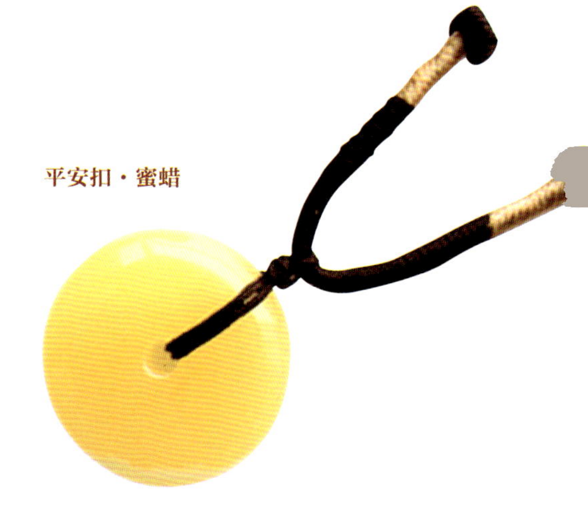

平安扣·蜜蜡

观音摆件·琥珀

尺　寸 13.5厘米×8厘米
鉴石要点 观音坐在莲花上，双手合十，两腿交叠，足心向上。面容饱满秀丽，神态宁静。重161.3克。

龙珠挂坠・战国红

尺　寸 8厘米×4厘米

第三章

战国红，

老玛瑙中的收藏新贵

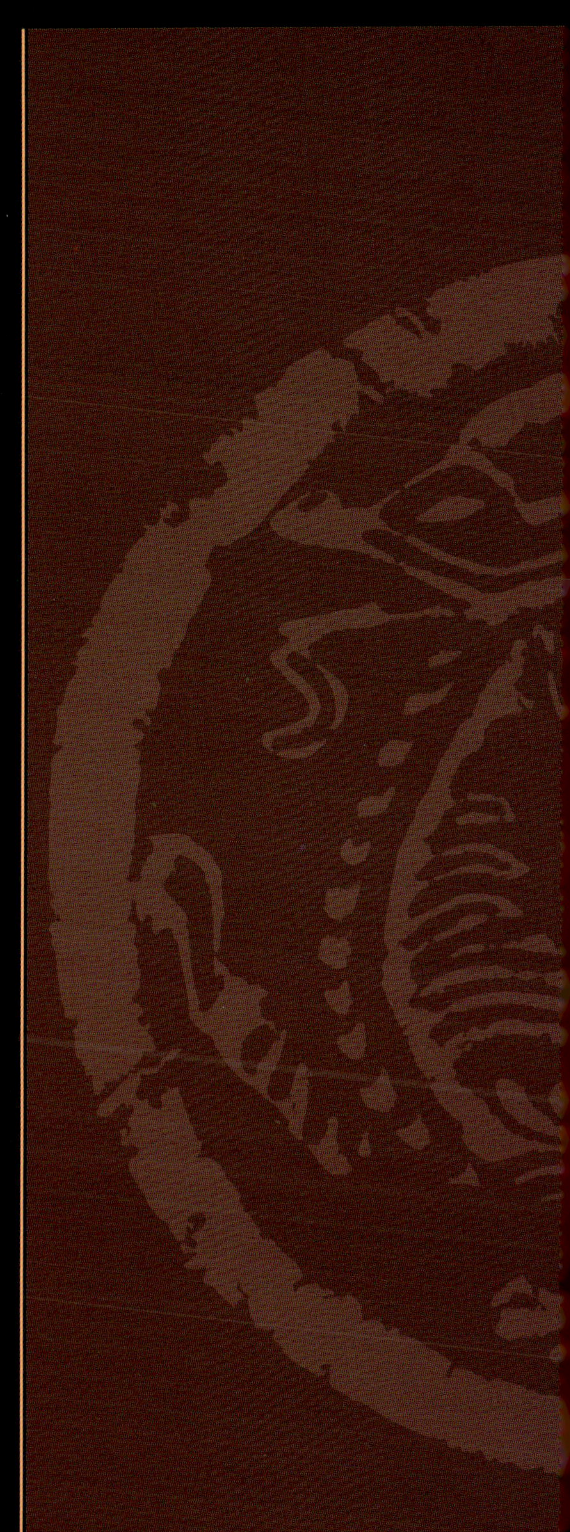

认识玛瑙的真相

在中国有句俗话叫“千种玛瑙万种玉”，说的就是玛瑙的种类繁多。不同种类玛瑙颜色的形成与其本身所包含的微量化学成分和微量矿物成分密切相关。

“战国红”的摩氏硬度在6.5度左右，密度2.55～2.91克／立方厘米，三方晶系，贝壳状断口，半透明到不透明。其质地脆，石皮厚，雕刻难度大，出材率低，因此市场中所见到的“战国红”多为手镯、手链或较小雕件、半原石作品或原石，极少见到中大型玛瑙作品。这类玛瑙的颜色有红、黄、白之分，以红缟多见。

战国红原石
尺　寸 15厘米×12厘米×8厘米

战国红玛瑙实际上只是玛瑙家族中的一个小成员，要了解战国红的特性，我们不妨从玛瑙这个大家庭入手。

按化学成分划分

正因为自然界中玛瑙所包含微量化学成分和矿物成分的多样性，如铁、铝、硒、锰、镁、钾、钠、绿泥石、赤铁矿、钠云母、铁锰质等等，使玛瑙的颜色变得丰富多彩，美丽动人。不同种类玛瑙纹环带构造的形成与玛瑙本身所特有的显微结构和微量化学成分、矿物成分分布状态有关。不同的显微结构所显示出来的微层状构造和微量化学成分及矿物成分的不均匀性呈有规律地变化，形成了千姿百态的条纹、环带和极富想象力的图案，成为人们喜爱和珍藏的玉石。

按颜色划分

按照颜色划分，玛瑙可分为红玛瑙、蓝玛瑙、紫玛瑙、酱斑玛瑙、绿玛瑙、白玛瑙、黑玛瑙、黄玛瑙、胆青玛瑙（也叫鬼面青）等。除上述各色玛瑙外，其他颜色的玛瑙，均可按不同颜色加以命名。有的玛瑙因为具有闪光现象，称“闪光玛瑙”；有的则具有猫眼效应，称“猫眼玛瑙”；还有的透明含有蝌蚪、蜘蛛、金鱼、水草、树枝等类似动植物形态的矿物质，外观看起来就好像琥珀，人们称之为“琥珀玛瑙”。

金蟾送福·战国红

尺　　寸 10厘米×13厘米

鉴石要点 金蟾是玉石雕刻最常见的题材之一，寓意生财，此器圆雕一只蟾蜍，四肢着地，呈蹲伏状。粗壮的四肢强劲有力，似在蓄势待发。双目有神，镂雕精细，形象生动。

红玛瑙是各色玛瑙中的上品，最为古人所推崇。明代洪武年间学者曹昭撰写的《格古要论》中有“玛瑙无红一世穷”之说。在《格古要论》中，描述玛瑙的种类时提到：“玛瑙多出北方，南蕃、西蕃亦有。非石非玉，坚而且脆，快刀刮不动。凡看碗盏器皿，要样范好，碾得薄，不夹石者为佳。其中有人物鸟兽形者最贵。有锦红花者谓之锦红玛瑙，有漆黑白中一线白者谓之合子玛瑙，有黑白相间者谓之截子玛瑙，有红白杂色如丝相间者谓之缠丝玛瑙。此几种皆贵。有淡水红者谓之浆水玛瑙，有紫红花者谓之酱斑玛瑙，有海蛰色者，兔面花者，皆价低。凡器物刀靶事件之类，看景好，碾琢工夫及红多者为上。浆水玛瑙色内有花纹如柏枝，故谓之柏枝玛瑙，亦可爱。”

花样青春随形手把件·战国红

尺　　寸 10厘米×6厘米

鉴石要点 颜色丰富，黄、红、黑、灰，几乎囊括了战国红玛瑙常见的色调，五颜六色，故取名花样青春。

按纹理构造划分

按照纹理构造划分可分为缠丝玛瑙和带状玛瑙。缠丝玛瑙是指具有细纹带构造的玛瑙，亦称“缟玛瑙”。

有时细纹带可细得像蚕丝一样，而且颜色有许多种变化，缠丝玛瑙可进一步细分为：缟玛瑙、红缟玛瑙、红白缟玛瑙、黑白缟玛瑙、褐白缟玛瑙、棕黑缟玛瑙。

带状玛瑙是纹带较宽的玛瑙。纹带呈单色出现者，就是前述的红玛瑙、蓝玛瑙之类。当前，珠宝界一般不采用带状玛瑙进行人工着色，而喜欢选用无纹带的，实际上是玉髓原料来进行染色。

原石手把件·战国红

尺　　寸 7厘米×10.5厘米

原石手把件·战国红

尺　　寸 8厘米×10.5厘米

鉴石要点 依形打磨，保留了材料本身的形状，辅以天然纹路，勾勒出一幅静谧安逸的画面。

按内部构造和质地划分

按照内部构造和质地特点，玛瑙还可分为水胆玛瑙、火玛瑙、昙玛瑙、城砦玛瑙、苔藓玛瑙、竹叶玛瑙等。

水胆玛瑙是指玛瑙中包裹有天然液体的品种，是玛瑙制品中尤为稀罕和珍贵的品种。

在条带层中含有氧化铁的板片状矿物晶体的玛瑙，闪烁着火红的光泽，故称“火玛瑙”。

质地有云雾状感觉的玛瑙叫“昙玛瑙”，也叫“云雾玛瑙”。内部隐约可见“城郭”的玛瑙，叫“城砦玛瑙”，也叫“风景玛瑙”。因含绿泥石或沿裂纹有氧化锰的渗入，出现树枝状、植物状的花纹，或如同苔藓植物一样花纹的玛瑙，称为“苔藓玛瑙”。有竹叶状花纹的玛瑙叫“竹叶玛瑙”。此外，李时珍的《本草纲目》还独辟蹊径，将玛瑙增加“柏枝玛瑙”、“夹胎玛瑙”、“截子玛瑙”、“锦江玛瑙”等若干品种。对玛瑙种类介绍最为详细的，还要数明代顾荐所著的《负暄录》，书中称：“马脑品类甚多，出产有南北，大者如斗，其质坚硬，碾造费工。南马脑产大食等国，色正红无瑕，可作杯。西北者色青黑，宁夏、瓜、沙、羌地砂碛中得者尤奇。有柏枝马脑，花如柏枝。有夹胎马脑，正视莹白，侧视则若凝血，一物二色也。截子马脑，黑白相间。合子马脑，漆黑中有一白线间之。锦江马脑，其色如锦；缠丝马脑，红白如丝，此皆贵品。浆水马脑，有淡水花；酱斑马脑，有紫红花；蛐马脑，粉红花，皆价低。又紫云马脑出和州，土马脑出山东

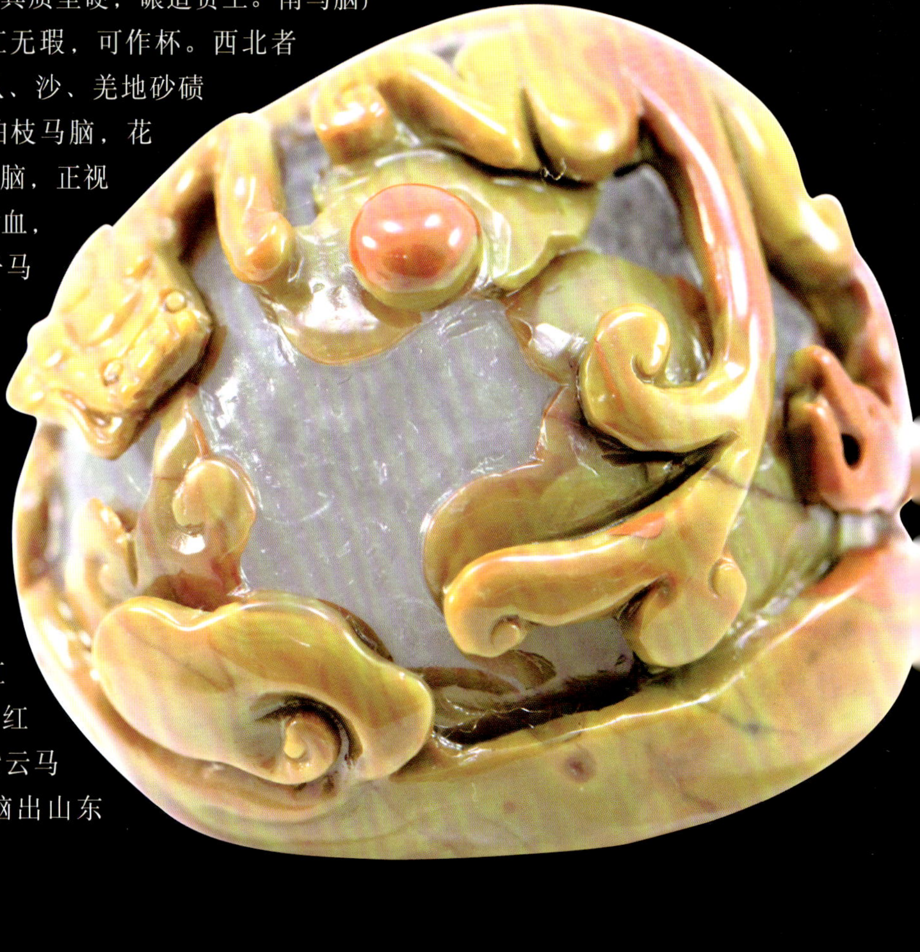

龙戏珠手把件·战国红（左右）

尺　　寸 6.8厘米×5.4厘米×1.8厘米

鉴石要点 色彩纯正，质地温润细腻，雕刻游龙戏珠题材寓意吉祥。

沂州，亦有红色云头，缠丝、胡桃花者。又竹叶马脑，出淮右，花如竹叶，并可作桌面、屏风。金陵雨花台小马脑，只可充玩耳。”

书中具体提到16种玛瑙，颜色也有10多种。这些玛瑙的品种和名称多见于过去的经史典籍之中，现在一般已经很少使用。

对于国外出产的玛瑙，大多是按照国家直接命名，比如巴西产的玛瑙叫巴西玛瑙，美国出产的玛瑙叫美国玛瑙，马达加斯加出产的玛瑙称为“马料”或“马达加斯加玛瑙”等。

老料新名成收藏热点

近两年，一种名为“战国红”的玛瑙品种在收藏市场上价格飙升明显，它创下了3年价格翻十倍的玛瑙史上的奇迹。这种玛瑙的一个鲜明特点是不同颜色的色层叠加在一起，色层薄厚不一变化多端，但分界却十分清晰，极少出现两色混合的现象。当色层按一定规律多层叠加，就形成了缠丝结构。

玛瑙之乡

实际上，战国红玛瑙是宝玉石界近年产生的一个新名词，它不是玛瑙分类的科学名称，而是特指辽宁省北票市永巨乡和黑城子乡产的一种红缟玛瑙，因其形同战国时期出土的红缟玛瑙，后被珠宝商称为战国红玛瑙。

北票古称川州，地处辽宁省西部，南临渤海，北接内蒙古，全市总面积4469平方千米，总人口60万，辖29个乡镇、8个管理区、1个省级经济开发区，是环渤海经济圈的重要组成部分。境内现有锦承铁路、国道101、305线、长深高速公路，中心城区距朝阳机场45千米、距锦州港口150千米。早在5500年前，这里就留下了人类活动的印迹，红山文化、三燕文明、契丹古迹闻名遐迩，因最早的鸟类化石和最早的开花类植物化石在这里出土，北票被誉为“世界上第一只鸟飞起、第一朵花盛开的地方”。

北票素有“乌金之埠、黄金之邦、铁石之域、玛瑙之乡”的美誉，境内已探明具有开采价值的矿产达44种。从地质构造的角度上讲，北票市区的北部（龙潭、东官营一线以北）是由一套变质

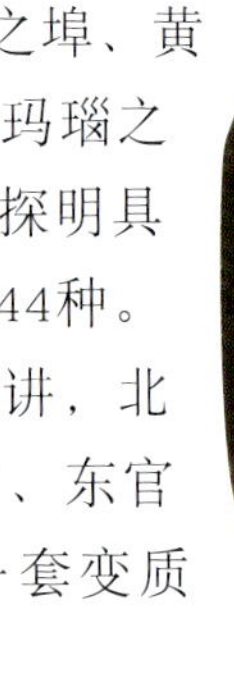

岩和岩浆岩构成，约占全市面积的三分之一，重要的金属矿产如金、银、铁等分布于这一带。其余三分之二的面积，主要由两个中生代构造盆地（北票构造盆地、金岭寺－羊山构造盆地）的一套湖相沉积地层组成。赋存有煤、石油及沸石、膨润土等非金属矿产资源。

除此之外，还发现了古生物化石，有鸟、鱼、爬行类、两栖类、昆虫、植物等13个门类的化石，组成了“热河生物群”，早已著称于世。

辽宁北票的战国红出材率很低，5千克以上的大料不多，原石多呈放射型色带状分布于杂石之中，所以有“战国红无大件”的说法。

年年有余·战国红（原石）

尺　　寸 7.7厘米×7.7厘米

年年有余·战国红

尺　　寸 7.7厘米×7.7厘米

鉴石要点 内部的矾心造型独特，就好像鱼一样。在玛瑙的形成过程中，易在中心部位形成水晶，或者水晶与玛瑙融合的结构，民间称之为矾。

矾心之美

北票战国红的最大特点是其原石中绝大多数都带有矾心，矾心是指在玛瑙的形成过程中，易在中心部位形成水晶，或者水晶与玛瑙融合的结构。矾心多因质地松散，无法抛光，所以成品中如带有矾心，一般视为瑕疵。但有极少数的硬矾纯在，虽然也带有矾丝，但是依然可抛光，品质稍好。

冻心之美

战国红为岩浆涌入岩石缝隙形成，外围呈放射型激散状，也存在透明的玛瑙，此种玛瑙颜色有偏黑，偏白的，俗称冻料或青肉。

除了矾心外，也有冻心的原石，冻料的存在为战国红添加了透光性，使战国红具有更多变化。当冻料夹在红黄缠丝之间时，就形成了一种特殊现象，这种现象民间俗称动丝、闪丝、活丝、三维丝，形成条件是就是有色（多为红色，少数黄色）玛瑙缠丝之间填充了透明的冻料玛瑙层，且有色玛瑙缠丝间距很小，冻料玛瑙层可透光，在改变视线角度时，产生透光差异，视觉效果好像丝在动。其丝为红、黄色，丝间的过渡色则有红、黄、绿、紫、无色等多种。

而各色在色谱上均有很宽泛的过渡，黄色从土黄到明黄，红色从暗红到血红。如此之多的颜色和复杂的缠丝相结合，形成了战国红千变万化的特点，可谓极尽自然变化之能事。

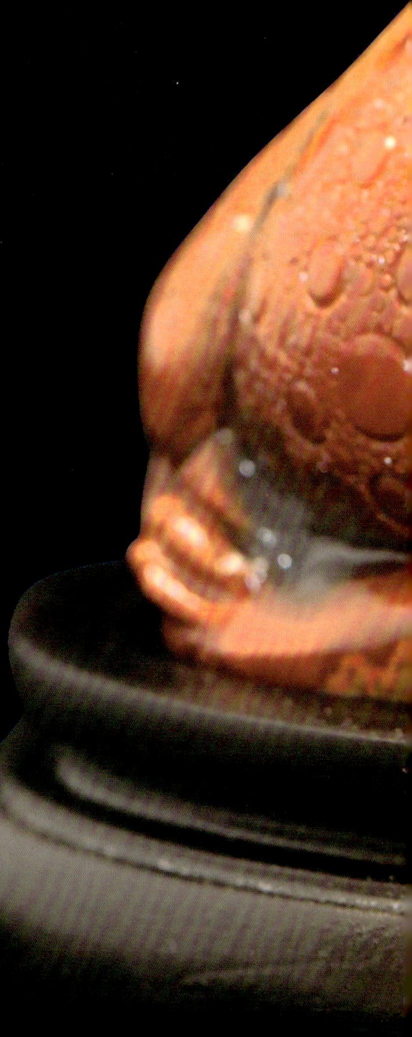

动丝之美

早期北票所出的战国红矿石，冻料较少，但红黄颜色艳丽，缠丝明显，其中被称为“动丝”、“活丝”或“闪丝”。开采后期冻料出现较多，红黄色艳丽度下降，但缠丝增多，中期偏后出现了土黄料、深红料，料性也趋干，透润度下降，但仍不失美丽与华贵。不得不说的是极品料尚未绝产。随着北票战国红矿脉的大面积发掘，各种有特点的料均有出现，如带水草的料、紫冻料、白瓷料等。

三脚金蟾·战国红

尺　寸 13厘米×11厘米

鉴石要点 金蟾是玉石雕刻最常见的题材之一，寓意生财，此器圆雕一只蟾蜍，四肢着地，呈蹲伏状。粗壮的四肢强劲有力，似在蓄势待发。双目有神，镂雕精细，形象生动。

猴子偷桃·战国红

尺　　寸　10厘米×13厘米

鉴石要点　三只猴子的造型迥异，各有特色，活灵活现，有的抱桃，有的摘桃，有的观望，猴趣跃然石上。

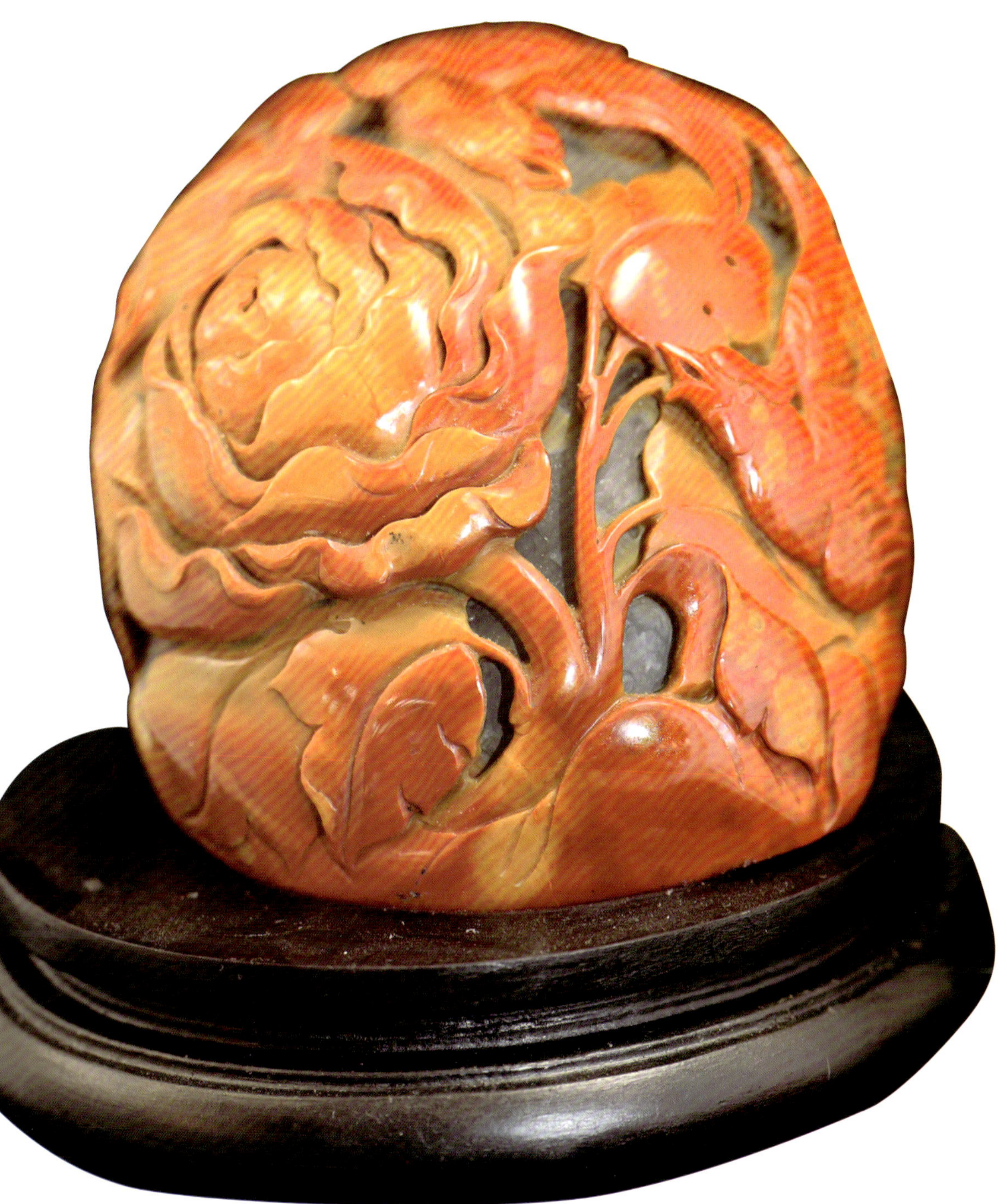

富贵吉祥摆件·战国红

尺　　寸 13厘米×13厘米

鉴石要点 质地细腻，颜色艳丽，在一朵盛开的牡丹旁边，一只凤凰正流连忘返，寓意“富贵吉祥”。

战国红价格上涨有原因

近两年，在收藏市场中，“战国红”价格一路飙升，从2009年至今，无论毛料还是成品价格都大约翻了10倍，并且还在一路看涨，成色较好的“战国红”动辄几万元甚至几十万元。随着战国红的声名鹊起，喜欢战国红的人越来越多，人们把这些战国红的“粉丝”统称为“战友”。从各大珠宝市场战国红的销售情况来看，导致其价格不断走高的原因有三。

矿源稀少

其一，“战国红”价格近两年的暴涨，很大程度源于商家利用这类玛瑙红得扎眼的特性，有意炒作出了“战国红”这一名称概念。其实，在此之前，它只是一种红得较有特点的普通玛瑙，但将此类玛瑙与战国时期出土的玛瑙相提并论后，无形中增加了这类玛瑙的历史文化感。同时在收藏市场上各种奇石销售的疯狂态势，让很多人看好这种矿源稀少的战国红玛瑙的升值空间，并将其当做一个投资品种。

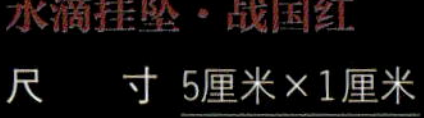
水滴挂坠·战国红
尺　寸 5厘米×1厘米

原料上涨

其二，由于成品价格的不断走高，导致原料价格上涨，而原料价格的上涨又成为成品价格飙升的一大诱因，循环往复造成战国红价格的节节攀升。并且由于矿源的局限性及2012年的封矿，其资源的稀缺性也成为其价格走高的一大诱因。

成品升值

其三，“战国红”价格的飙升和近两年来高档宝玉石价位的可望而不可即有很大的关系。最近几年，高档的和田玉、翡翠价位动辄几十万元、上百万元，这让不少财力有限的藏家望而兴叹，所以中低档的宝玉石品种开始有了一定的市场空间。

扳指·战国红（2个）

尺　寸　内径1.9厘米

鉴石要点　扳指圆柱形，通体光素无纹饰，深橘黄色，造型简洁大方。

手串·战国红

尺　寸　大直径15.5厘米，小直径13.5厘米

鉴石要点　大珠手串共计15粒，小珠手串共计13粒。

战国红的颜色分类

战国红玛瑙之美在于其色的浓艳纯正，其质的光华内敛，其形的温润娇嫩。颜色有红、黄、白，以红缟多见。好的战国红玛瑙其红色纯正厚重，类似鸡血石；其黄色凝重温润类似田黄；其白色飘逸如带。红缟和黄缟集于一石或全为黄缟者较为珍贵，带白缟的更少见。

红色

俗话说“玛瑙无红一世穷”，红色是战国红的主色之一。不同于其他红玛瑙，其光谱范围从大红、朱红到深红，覆盖色饱和度极广。战国红中少有单一纯色的原石，即便在一块只有红色的原石上，也会出现多种不同的红色。在珠宝市场上，一些商家为了制造卖点，还将战国红的红色分为血红和暗红等。血红为其最好的品种，顾名思义就是像血一样的颜色。血红还可细分为鸽血红、牛血红等不同叫法。

黄色

在战国红中，因为黄色的料子比较少，所以黄色要比红色贵重些，另外也与中国人崇拜黄色有关。同红色一样，战国红的黄色在色度范围上也很宽泛，从柠檬黄到橘黄再到土黄，多种黄色都有，

手镯·战国红

尺　　寸　直径6.2厘米

鉴石要点　手镯对原石要求极高，能套制手镯的大块战国红原石很稀少。一只色、丝、质地都一流且无瑕疵的战国红手镯，必为重器。

少量黄色还会过渡到绿色。其中著名的颜色有柠檬黄以及民间推崇的鸡油黄。

柠檬黄：其黄色清亮愉悦，就像柠檬一般，是战国红黄色中最为艳丽的品种，石料比较稀少。

鸡油黄：鸡油黄一直是战国红中备受推崇的颜色，但因鸡油本身颜色就有变化，鸡油黄这个概念也比较笼统。鸡油黄更强调的是一个“油”字，就是像鸡油一样油润、黄艳的意思。

土黄：黄色较暗，油润度也较低，这一类的料子比较差。

仙鹤吊坠·南红

尺　　寸　3厘米×4厘米×2厘米

鉴石要点　色泽饱满均匀，艳红如一，且质地细腻，手感滋润。雕刻题材为仙鹤、荷叶，寓意和和美美。

透明色

透明色玛瑙在战国红中也叫冻料，冻料多偏灰色，也有白色、紫色、黑色、黑褐色的冻料。冻料中也会有缠丝的层叠效果，冻料以质纯少杂质为好。

紫色

紫色以冻料形式存在，有从暗紫到淡紫的过渡。

绿色

黄绿，由柠檬黄过渡到浅绿色。

深绿，少量深绿色条带出现。

白色

白缟，一种是以纯白色缟带状出现，此类为白色上品，多呈千层板结构，处于原石中央位置，外包其他颜色色层。

白瓷，一般地表料皆属白瓷料，其中含红黄丝，丝之间填充玛瑙为白色、青色、乳白，其性类瓷质，统称白瓷料。

水晶体圆珠·白色战国红

尺　　寸　高2.9厘米，直径3.65厘米

鉴石要点　此类品种的战国红玛瑙的结构与红黄色战国红结构完全一致，丝、矾冻皆具备，就好像黑白电视一般，没有色彩，只有灰度的区分。

黑色

黑色有冻料，也有完全不透的黑玛瑙。

草花随形手把件 · 战国红

尺　　寸　9厘米×12厘米

鉴石要点　材质为战国红，内部的图案就像秋季田野里的草花一样，泛出成熟的金黄色。

印章·战国红
尺　寸 3.5厘米×3.5厘米×5.5厘米

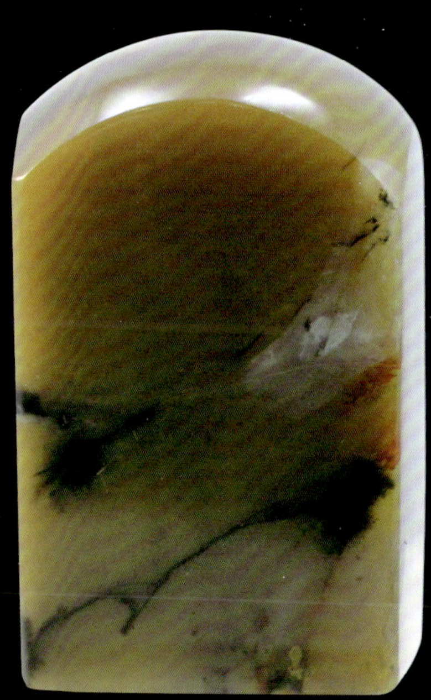

印章·战国红（正背）
尺　寸 8.5厘米×2.1厘米×4.5厘米

认清北票料与宣化料

河北省张家口市宣化县出产的玛瑙外形与辽宁北票料非常相似，由于宣化古称“上谷郡”，因此这里产的玛瑙目前在市面上常被称为上谷“战国红”来销售，因其产量巨大，各地市场都常见其身影。《天工开物》下篇《珠玉》中就对张家口地区所产的玛瑙有较为明确的记载“今京师货（玛瑙）者，多是大同、蔚州九空山、宣府四角山所产，有夹胎玛瑙、截子玛瑙、锦红玛瑙……”

料形

一是体现在两者的料形差异上，辽宁北票料分山料和球料，山料多为板状或块状，剔除围岩后净肉可达几十斤。河北宣化料常见的料形呈球状、蛋状，因此俗称“蛋子料”，石皮薄、少数满料纯净肉，料的中心多数有矾心、冻心或水晶洞。

缠丝

二是缠丝，北票料和宣化料都属于缟玛瑙，也即缠丝玛瑙。北票料的缠丝细腻，多折角，丝结构清晰明朗，颜色多变。河北宣化料因多为球状结构，所以缠丝结构为同心圆，折角少，变化不大。宣化料还有一个显著的特点：外圈缠丝多为较宽的色带，且色带中不存在丝状结构，这也是判断宣化料的重要依据之一。

河北宣化玛瑙原石

尺　　寸 7厘米×12厘米

鉴石要点 河北宣化出产的战国红因多为球状结构，所以缠丝结构为同心圆，折角少，变化不大。宣化料还有一个显著的特点：外圈缠丝多为较宽的色带，且色带中不存在丝状结构。

色彩

三是色彩，北票料一向以颜色艳丽而著称，色相纯正，以红、黄色为主，白、黑、绿、紫等色为辅。因多数北票料红黄色界限清楚，因此少有橙色。下品色暗，不艳丽。宣化料红色纯度好，近似凉山南红玛瑙颜色，黄色多有偏绿，色彩亮度相对北票低。多混杂墨绿色，多有红黄融合后的橙色，另有紫色、白色等。

质地

四是质地，北票料油润感好，质地凝润，通透感强，各色层间的层次感突出，通透清晰。少量稍干涩，透光性差。北票料中有水线或石线存在，会部分影响美观。宣化料大部分料石性重，料质干涩，少部分精品具有通透感。整体不够凝，油润感差，通透感流于表面。其色层中也会有沙点，杂质感强。

水头

五是水头，北票料的水头足，抛光后表面会呈现出玻璃般的质感，看上去通灵剔透。宣化料的石性较重，看上去发干发死。当然也有极少水头足的宣化料，但宣化料一旦水头足料色就发淡发透。

水草

六是水草，在玛瑙的包裹体里面有一种天然的水草状花色，含有水草的北票料不多，即使有草花也比较碎小，多为一簇簇尖头状连成一排，常与红闪丝伴生，很少有大的整棵成大片的草花。包裹体多呈熔融状态，稍有杂质感。而宣化料中则大量存在草花，有些草花的块度很大，形状成熟，很多时候与黑色的渣泥伴生。

水草玛瑙原石（正背）

尺　　寸　5厘米×6.8厘米

鉴石要点　玛瑙内部天然形成的纹理犹如河塘中飘荡的水草，婀娜多姿，蜿蜒缠绕。有绿色、紫色和黄色。

手镯·水草玛瑙

尺　　寸　1.8厘米×1.15厘米，直径5.9厘米

鉴石要点　质地通透，可见到内部有像水草一样的内含物，疏密分布，错落无序。

手镯·战国红

尺　　寸 直径6.2厘米

鉴石要点 镯子材料质地细腻，内部花纹就好像池塘中的水草，层层叠叠，错落有致。

手镯·战国红

尺　　寸 直径6.2厘米，2.2厘米×1厘米

鉴石要点 通体红润，颜色红中带黄，缠丝美艳动人。

桶珠·战国红

尺　　寸 2.5厘米×6厘米

鉴石要点 颜色艳丽，外形如古代盛水的木桶一般，椭圆状，稍大件的常作为吊坠。古代对这种造型的玉器也称为“勒子”。

战国红的美学特点

战国红多为红黄混合，以颜色艳丽、不同色之间分界清晰、不含混、过渡色少为上品。因为战国红独有的不规则的色带和缠丝，雕刻师切割的角度不同，其呈现出的纹理也各异。同一块缠丝料，加工成珠子或者雕件，成品会获得完全不同的效果。有些完全由缠丝组成的珠子，每观察一个部位，都会有新的发现，这也是战国红的另一大看点。

鼓珠吊坠·战国红

尺　　寸　8厘米×4厘米

鉴石要点　通体紫色，肌里有黑色花点，打磨的外形如鼓一样，称为鼓珠。

色彩美

人类生活在一个多彩的环境中，对颜色非常敏感，美丽的色彩，不但能点缀我们的生活，还能愉悦人的心情。色彩也是衡量战国红优劣的第一要素。战国红玛瑙同时兼具了玛瑙顶级的色和丝两种特点。战国红的主色调有红有黄，并且红黄搭配得当者为佳品。黄色以明黄为上品，红色以艳红为上品。除了红黄两色外，战国红的颜色还有白色、褐色、绿色、紫色等，这在其他玛瑙上比较少见。这些颜色呈条带状分布在玛瑙的表面，如细丝流水一样，看起来美不胜收。

鼓珠吊坠·战国红（正）

质感是指某物品的材质、质量带给人的真实感觉。战国红质地细腻通透，玉化程度较好。有些黄色料油润感也非常好，鸡油黄即由此而来。

自然美

战国红是在距今1.3亿年之前的侏罗纪白垩纪时期，由于地质构造运动等大自然作用下形成的外形奇特各异，内里绚丽多姿、纹带美观的玛瑙新贵，有些原料只要去掉外片，不需要另加打磨或雕琢，就是一件很好的工艺品。

工艺美

战国红复杂的缠丝和色带，随着人为切割时的不同角度，呈现出更趋多样的纹理。同一块缠丝料，加工成牌子或加工成珠子，成品会有完全不同的呈现。有些完全由丝组成的珠子，每观察一个部位，都会有新的发现，这也是战国红的另一个魅力所在。另外，由于色彩斑斓、俏色丰富，这也为玉石雕刻大师提供了充分发挥艺术创作的空间。

鼓珠吊坠·战国红（背）

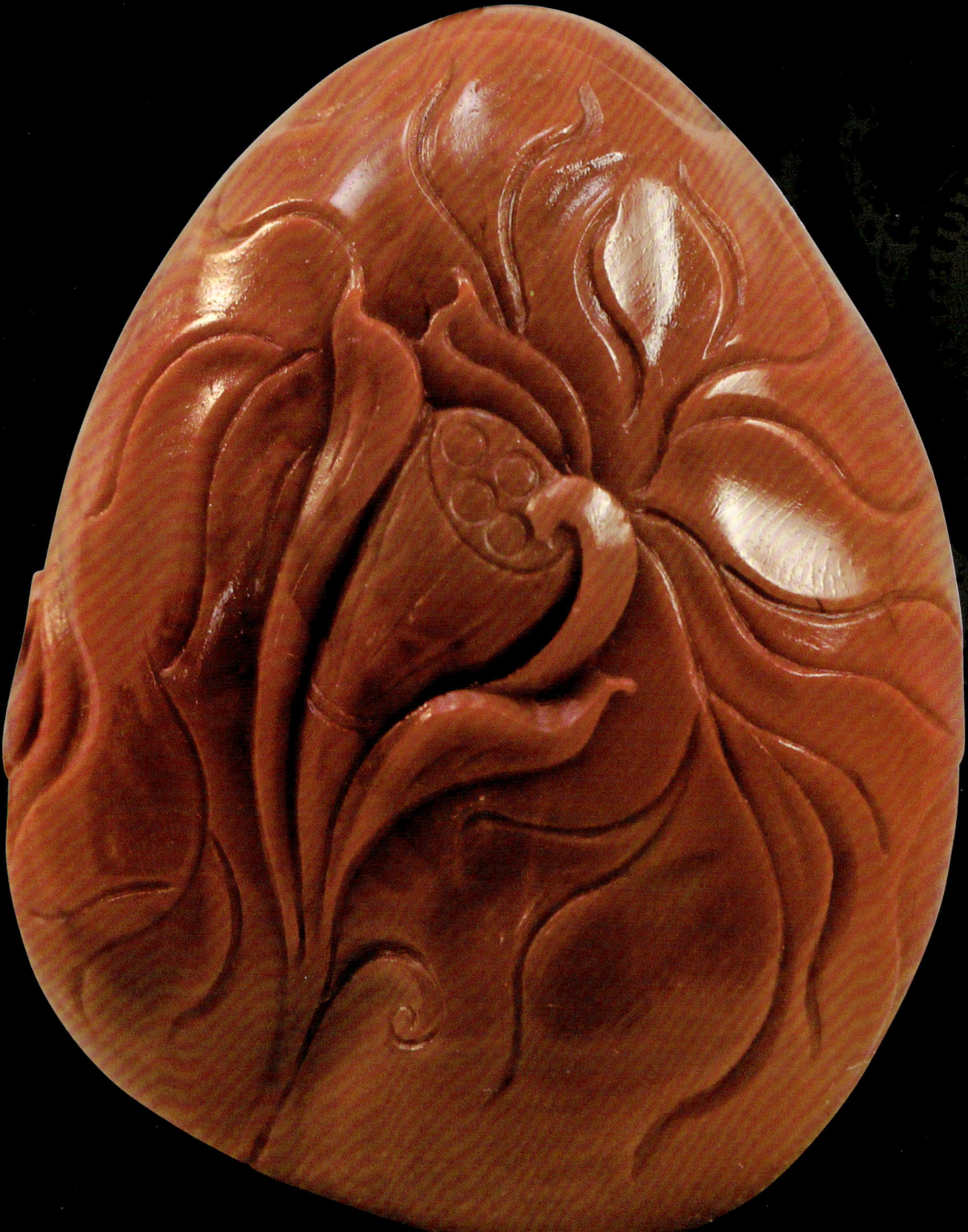

荷花吊坠·南红（正背）

尺　寸 4厘米×5厘米

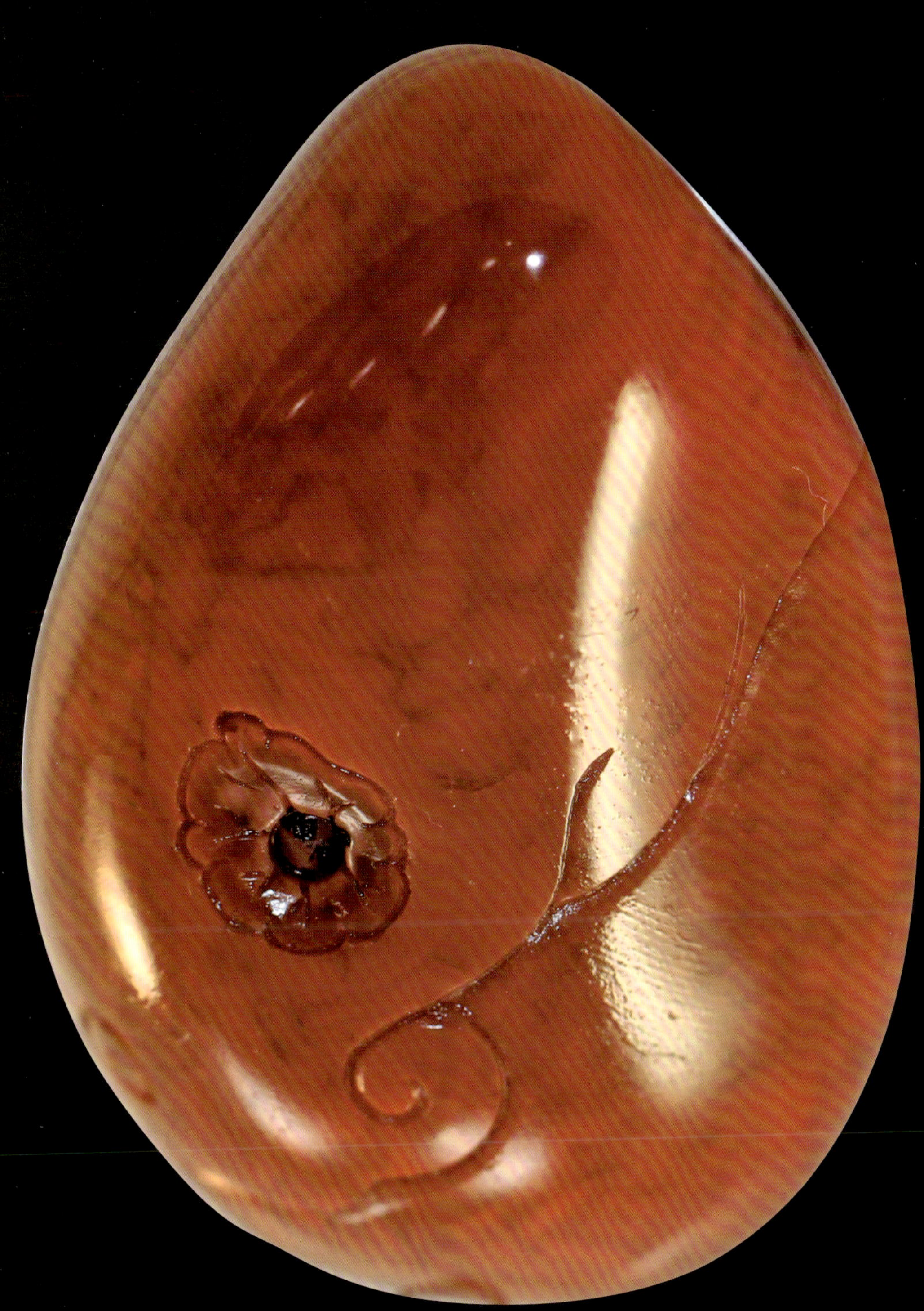

战国红“色”字当头

战国红玛瑙具有质地坚硬、晶莹剔透、色彩艳丽、纹饰美观、造型奇特等特点，但仍是以色彩取胜，所以在购买收藏的时候要以“色”为主。

色泽感

战国红主要的结构是不同颜色的玛瑙色层叠加在一起，色层薄厚变化多端，分界清晰，极少出现两色混合的现象。当色层按一定规律多层叠加，就形成了缠丝结构，战国红缠丝多折角，且多呈锐角结构。战国红多为红黄色层叠，色层中会有过渡色出现，也有掺杂其他颜色，如紫、绿、白、黑等。一般来说，战国红玛瑙色泽纹理变化多端，有红、黄、白、黑等多种颜色，而带白色水晶的玛瑙十分多见。单从战国红玛瑙的色彩上来说，纹带呈“缟”状者称“缟玛瑙”，其中有红色纹带者为上品，称为“红缟玛瑙”；有黄色纹带者最为珍贵，称为“金丝玛瑙”。

老子吊坠·南红
尺　寸 3厘米×4.1厘米×2厘米

油润度

同红色一样，战国红的黄色在色度范围上也很宽泛，其中著名的颜色有像柠檬一样的柠檬黄，像凝固了的鸡油一样的鸡油黄等。柠檬黄是战国红黄色中最艳丽品种，色调清亮明快。鸡油黄应该在柠檬黄与橘黄之间，其更强调的是一个油字。还有一种叫土黄的战国红料，颜色暗淡，油润度不高，所以价格相对也低。

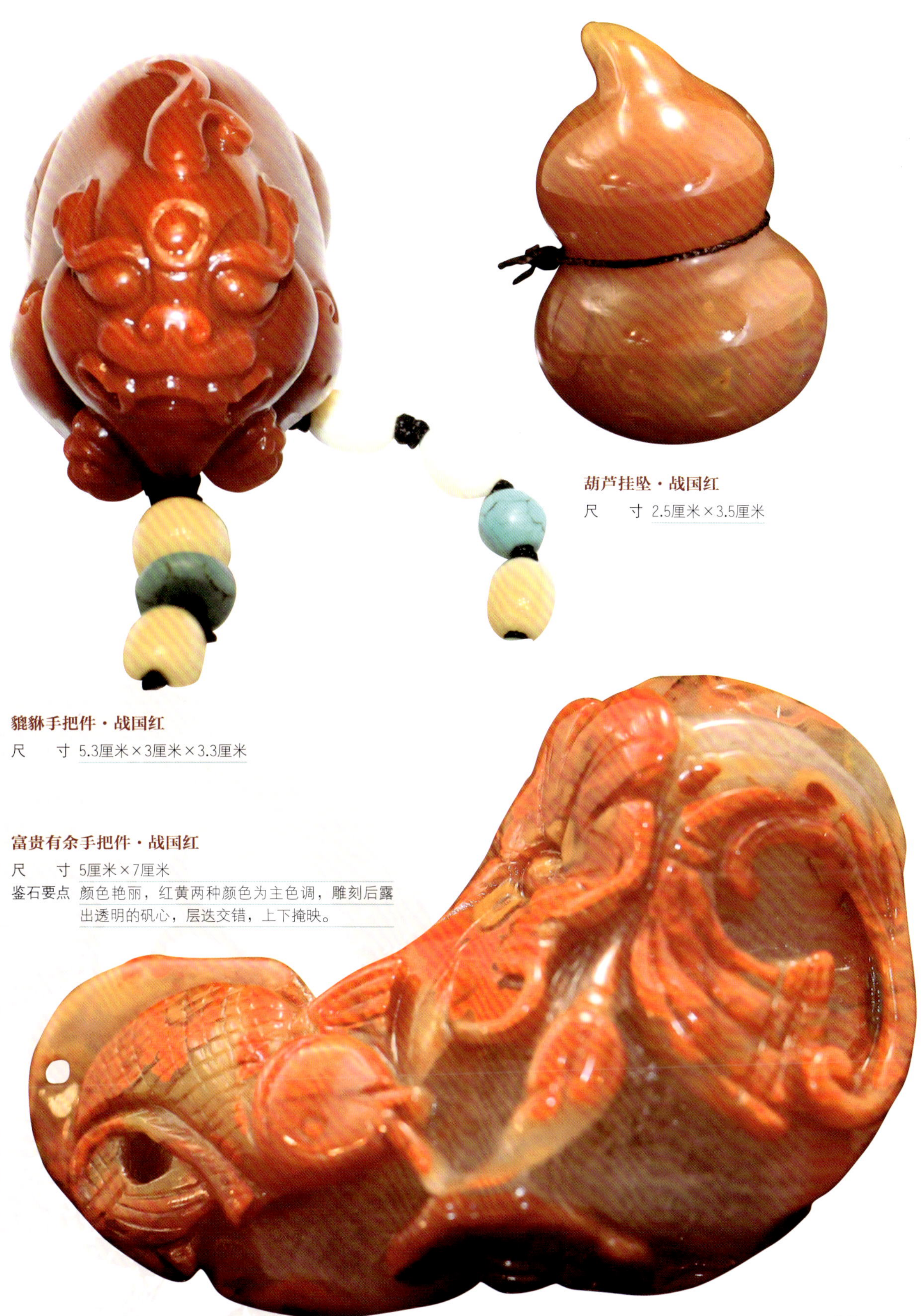

葫芦挂坠·战国红

尺　　寸 2.5厘米×3.5厘米

貔貅手把件·战国红

尺　　寸 5.3厘米×3厘米×3.3厘米

富贵有余手把件·战国红

尺　　寸 5厘米×7厘米

鉴石要点 颜色艳丽，红黄两种颜色为主色调，雕刻后露出透明的矾心，层迭交错，上下掩映。

鱼形手把件・战国红

尺　　寸　3.3厘米×4.4厘米×2.2厘米

鉴石要点　颜色通体红润，鱼身上的鳞片层层叠叠，雕刻细腻，造型生动。

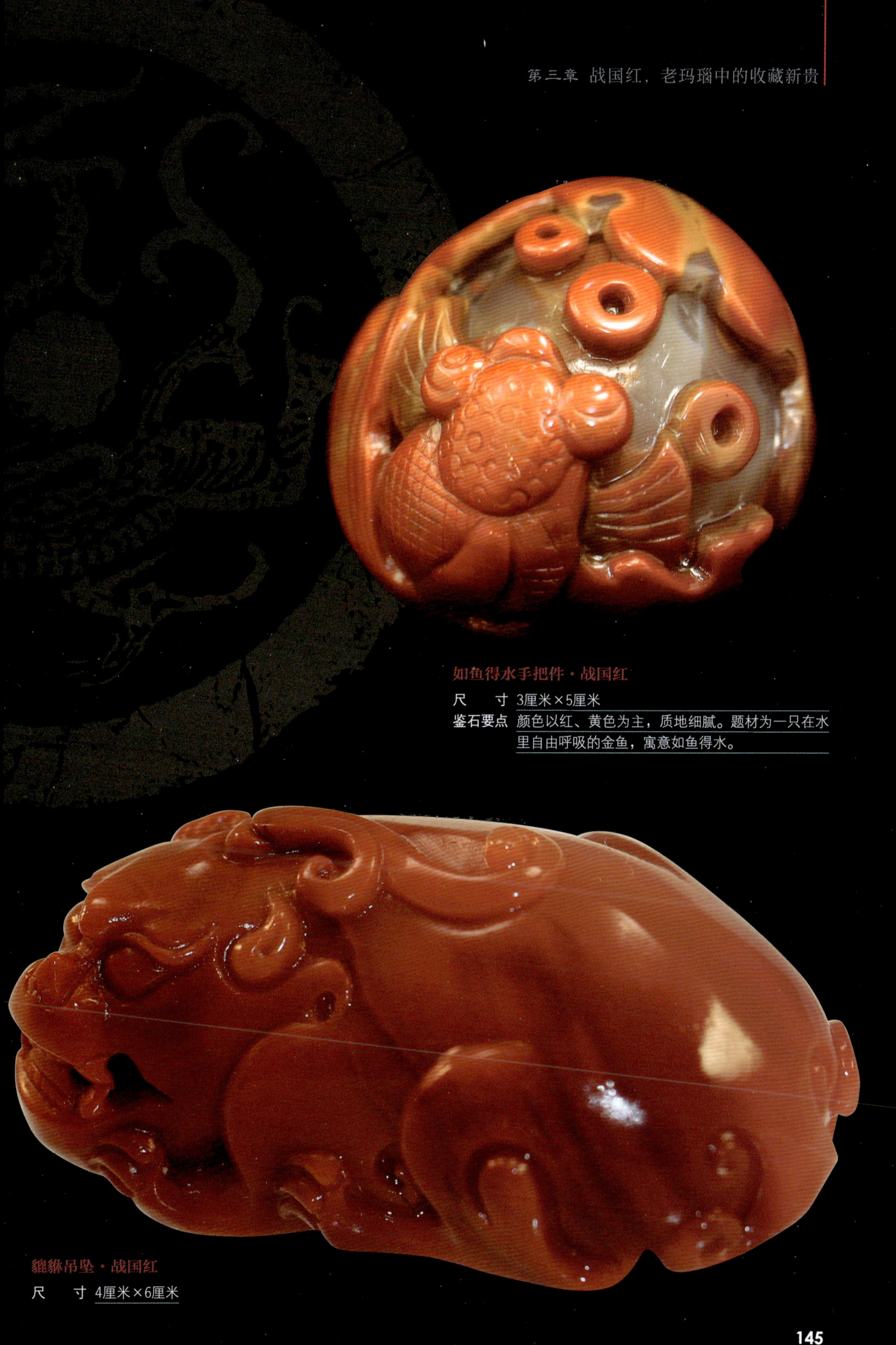

如鱼得水手把件·战国红

尺　　寸　3厘米×5厘米

鉴石要点　颜色以红、黄色为主，质地细腻。题材为一只在水里自由呼吸的金鱼，寓意如鱼得水。

貔貅吊坠·战国红

尺　　寸　4厘米×6厘米

战国红真伪鉴别的技巧

对于战国红玛瑙来说，人工造假的难度非常高，原因是战国红玛瑙绚丽的色彩、厚重的质感、立体的丝质等，要是人为去仿造这些特性比较困难。所以，常见的作伪方法是用一些其他材质的东西来冒充战国红，像最为常见的鸡肝石、三色玉。

印章·战国红

尺　　寸 2.75厘米×2.75厘米×4厘米

鉴石要点 灰红色相间，缟纹明显，无水晶，无杂质。

鸡肝石

鸡肝石为隐晶质集合体，外表呈猪肝或鸡肝色，摩氏硬度约6.5度，贝壳状断口，也被称作碧石或红碧玉。这种料的产地较多，河北、云南、内蒙古均有产出。鸡肝石除了单色品种外也有杂色，色泽佳质地好者可以做雕刻材料。

战国红与鸡肝石的区别是，鸡肝石上面的丝确切的说是黑线，偶尔也有白线，是在表面生长的，颜色与质地总体感觉都很僵硬。仔细观察，鸡肝石只是表面光滑，看不到内部的润透。而战国红恰巧相反，颜色是从里到外的，丝质很多都是活丝。

三彩玉

三彩玉产于新疆克拉玛依等处，当地人称为戈壁玉。新疆戈壁彩玉的产量不大，仅限于新疆北疆的几个小地段，而且颜色漂亮，如红色、蜡黄、泥绿等。三彩玉与战国红玛瑙的区别，最简单的就是在阳光下看，三彩玉有玉的光泽，有很强的油脂感，而战国红玛瑙则会显现玻璃光泽。

过去，分辨玛瑙真假常用一个“土方法”，就是将玛瑙在天然木头上用力摩擦，木头发热，但玛瑙不发热，很大可能就是真玛瑙。

多子多福·战国红

尺　　寸　4厘米×1.6厘米

鉴石要点　莲子与如意雕刻图案，寓意多子多福。

等级评价的玛瑙淘宝必修课

人们对玛瑙质量和经济价值的评判，一般都是以肉眼识别作为主要手段，尽管现代科学技术发达，各种玉石鉴定仪器很多，但在交易过程中使用这些仪器一是很不方便，二是不能解决问题，原因很简单，会受到环境的局限。交易现场不可能进行复杂仪器作业，所以肉眼鉴别始终是一种极其重要的方法。

玛瑙种类繁多，所以鉴别方法也很多，通常以纹带、颜色、透明度、裂纹、杂质、砂心和块重为分级标准，除水胆玛瑙最为珍贵外，一般以两种颜色搭配和谐的俏色原料为佳品。

饰品标准

目前，玛瑙饰品尚没有统一的质量分级国家标准，福建、辽宁、云南三个玛瑙产区结合自身产业发展，制定了《玛瑙饰品分级》地方标准、《玛瑙饰品》地方标准及《南红玛瑙》地方标准，从三个省区实践来看，地方标准的制定，对当地玛瑙产业和市场的规范以及品牌创建都起到了积极的推进作用。

比如，2010年阜新制定出台了《玛瑙饰品分级》辽宁省地方标准，这一分级参照了《珠宝玉石名称》、《珠宝玉石鉴定》以及《贵金属饰品术语》、《贵金属饰品》中的有关规定、术语和方法，确立了玛瑙饰品的术语定义、化学成分、结晶状态、摩氏硬度、密度、折射率、吸收光谱、特殊光学效应等10余项质量指标，并根据玛瑙的颜色、透明度、质地、净度及工艺等5个方面对玛瑙饰品质量进行分级：根据颜色变化，玛瑙饰品分为5个等级，由高到低依次为 S1、S2、S3、S4、S5；根据透明度的变化，玛瑙饰品分为半透明、微透明、不透明3个等级；根据质地变化，玛瑙饰品分为4个等级，由高到低依次为Z1、Z2、Z3、Z4；根据净度的变化，玛瑙饰品分为极纯净、纯净、半纯净、欠纯净4个等级；根据工艺水平玛瑙饰品分为优等品和合格品两个等级。

手镯·战国红
尺　寸 直径5.8厘米

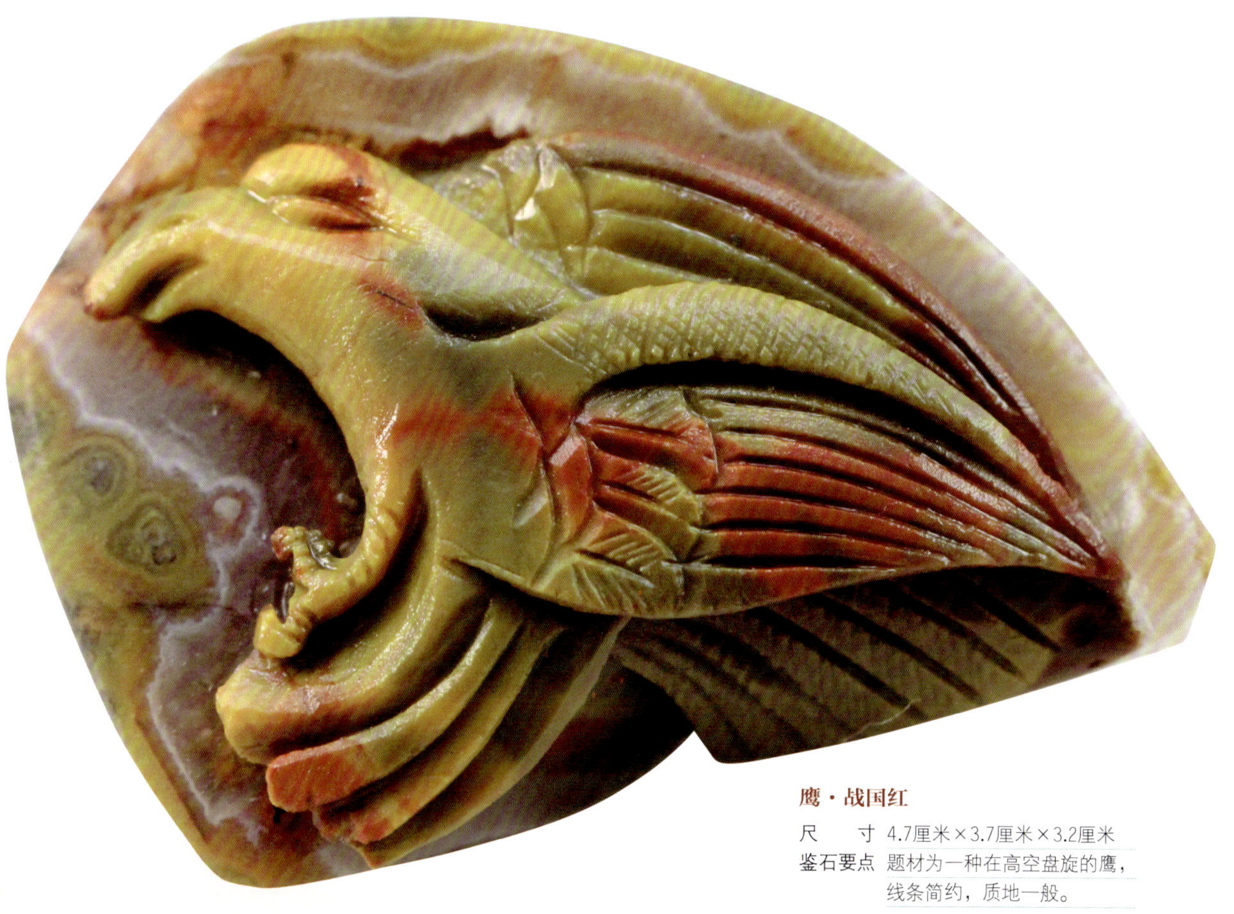

鹰·战国红

尺　　寸 4.7厘米×3.7厘米×3.2厘米

鉴石要点 题材为一种在高空盘旋的鹰，线条简约，质地一般。

行业标准

中国珠宝界将玛瑙以颜色、透明度和块度为分级标准，除了水胆玛瑙较为珍贵外，一般以两种色搭配和谐的俏色原料为佳品。按此标准，玛瑙分为四个等级：特级、一级、二级、三级。

特级玛瑙的颜色为红、蓝、紫、粉红，外观透明、无杂质、无砂心、无裂纹，块重在4.5千克以上。

一级玛瑙的颜色为红、蓝、紫、粉色。外观透明、无杂质、无砂心、无裂纹，块重在1.5千克以上。

二级玛瑙的颜色为红、蓝、紫、粉色，外观透明、无杂质、无砂心、无裂纹，块重在0.5～1.5 千克之间。

三级玛瑙的颜色为红杂色、棕黄色、浅紫色、透明、稍有裂纹，块重在0.5千克以下。一般情况下，特级料价是三级料价格的3～5倍。

玛瑙精美鉴赏有学问

战国红除具有普通玛瑙的特点外，其美学特点尤为突出。在把玩战国红的时候，需要购买的设备是高倍放大镜和强光手电，在高倍放大镜下，能看清内部极细动丝的分层；手电可以看清一些物件内部的色彩和结构以及包裹体。加工方面，在战国红知名度还不高的那段时期，基本就是做圆珠，大料做大珠，小料做小珠，极品的大料出手镯、大方章。随着知名度渐高，好原石越来越少，出品率低的珠子逐渐被桶珠、勒子、牌子、雕件取代。

手串

作为一种时尚潮流的饰品，手串既美观又有盘玩的乐趣。特别是最近几年，手串已和七八十年代的手表一样，成为男女老少争相佩戴的饰品。

追根溯源，现代人玩的手串最初是来自于佛教的佛珠。佛教传入中国的时间，在西汉末和东汉初之间。据南朝刘宋时期的历史学家范晔在《后汉书》里记载：世间传闻，汉明帝梦见一个头顶有光明的高大金人，便询问群臣，有个大臣告诉他，那应该是西方的佛。汉明帝在公元64年派了12个人到西域访求佛法，3年后他们与两位印度僧人一起回到洛阳，还用白马驮回来了经书和佛像。于是，译经开始，并建造中国第一座佛教寺院白马寺。

自从佛教传入中国，广大民众对于佛教的认识，往往是通过一批批和尚、法师、喇嘛、活佛的举止言行、服饰礼仪获得的。一代代下来，僧侣们的袈裟佛珠，成了人们感知佛教的主要信号。

十八罗汉佛珠·南红（局部一）

尺　寸　长2.5厘米

鉴石要点　19粒珠取材自南红玛瑙，打磨光滑。立体圆雕，佛头配一弥勒佛像，其他均雕刻18罗汉面部，神情迥异，精巧别致。

所谓佛珠

佛珠也称作念珠、诵珠、咒珠、数珠等，佛教信众在朝暮课诵和平日念佛、持咒、诵经时，都会在每念诵一句佛号或咒语时，拨动手中的一颗珠粒，如此周而复始，循环计数。玛瑙是制作佛珠最常用的材质，这是因为玛瑙是佛教七宝之一，按照鸠摩罗什译的《阿弥陀经》所说七宝为：金、银、琉璃、玻璃、砗磲、赤珠、玛瑙。

佛珠种类

佛珠种类大致分成手珠、佩珠及挂珠三大类。手珠也叫持珠，是用手掐捻或者持捻的佛珠；佩珠是戴在手腕或臂上的佛珠；挂珠是指挂在颈上的佛珠。

佛珠的珠子按照外形的不同，可分为圆形的圆珠，像水桶一样的桶珠，像鼓一样的鼓珠，还有的是按照材质原本的形状不加修饰叫随形珠。

佛珠组成

一串标准的佛珠应该包括母珠、子珠、隔珠（又称作“数取”）、弟子珠（又称作“记子”）、记子留、络绳和一些饰物。

母珠又叫“三通”或“佛头”。通常只有一颗，或有两颗的，用来将不同数目的子珠归结在一块，同时还可以起到连接弟子珠、记子留和一些饰物或流苏的作用。

子珠是串起整个佛珠的基本珠，通常其材质相同，也有将不同的材质及大小不一致的子珠穿在一起的。

隔珠又称作“间隔珠”或“数取”。多用来将子珠平均分隔开。一般来讲，隔珠均要比子珠稍大一些，数量可采用一颗至三颗不等，如108颗的佛珠和54颗的佛珠，就需要每27颗子珠用一隔珠；27颗、18颗的佛珠，则每8颗子珠用一隔珠。

弟子珠的体积比子珠要小一些，一般以10颗或20颗居多，多系串在母珠的另一端，以10颗为一小串，如同算盘一样，采用10进位，用来计算掐捻佛珠的数目。

十八罗汉佛珠·战国红
（局部二）

记子留是指每串弟子珠的末端所附的比弟子珠稍大一些的珠粒或者饰物，也有的用线绳结成“中国结”来替代，目的是为了防止弟子珠的滑落。

【络绳】

络绳是指串佛珠的线绳，通常根据子珠的规格以及孔洞直径的大小，以独股、双股或者三股为绳，穿珠而过。络绳，一般分为有弹性、非弹性两种，汉传佛教佛珠使用络绳，要求一般比较宽松，只要自己喜欢并且能够穿得进去的都可以。藏传佛教对佛珠所用络绳的要求比较严格。一般多用红颜色或红、黄、黑、白、绿五彩棉线、丝线或者尼龙线制成。偶尔也有人用皮绳来贯穿佛珠。

手串・战国红

尺　　寸　直径1.2厘米

鉴石要点　颜色通红艳丽，珠体大小均匀，雅光内涵，古朴沉郁。

配饰

配饰是指佛珠下部、记子以上部分系坠的各种饰物，主要起佛珠的装饰和美化作用。

佛珠数目

每串佛珠都由一定数目的珠子串缀而成，珠子的数目不同表达的象征意义也有差异，大致有9种：14颗、18颗、21颗、27颗、36颗、42颗、54颗、108颗、1080颗。

14颗是一般的佛珠手串的常用颗数，持观音名号，表示观音菩萨与十方、三世、六道等一切众生同一悲仰，令诸众生获得14种无畏的功德，使众生所得福德与恒河沙数无异。

18颗是取佛教“十八界”之意，即六根、六尘、六识合和之数，六根是指眼、耳、鼻、舌、身、意为一切麻烦的根木；与六根相对的六尘指色、声、香、味、触、法；六识则是眼识、耳识、鼻识、舌识、身识、意识。

佛珠·战国红

尺　　寸　直径3.2厘米

鉴石要点　珠体色泽艳丽，大小均匀，用穗绳辫作饰，吉祥庄严，共计18粒。

红白料手串·战国红

尺　　寸　直径1.4厘米，15粒

鉴石要点　红白两种颜色，分割明显，中间有明显的缠丝，红的艳丽，白的透明，美感十足。

21颗佛珠代表十地、十波罗蜜、佛果21个位次；27颗佛珠表示小乘修行四向四果的二十七贤圣位；42粒代表菩萨修行过程的42个阶位；另外，就是净土宗的36颗（108颗的三分之一，便于携带）。54颗佛珠代表菩萨修行过程中的54个位次。

常见的上品佛珠是108颗，代表的意思是求证百八三昧而断除百八烦恼，从而使身心能达到一种寂静的状态。百八烦恼的内容，有很多不同说法，总的来说，六根各有苦、乐、舍三受，合为18种，又六根各有好、恶、平三种，合为18种，计36种，再配以过去、现在、未来三世，合为108种烦恼。佛教认为，人生就是苦。产生苦的原因，就是贪欲。产生贪欲的原因，就是无明无知。要灭除苦，就应该觉悟：万物并无实体，因缘聚散而已，一切都在变化，生死因果相续，连“我”也是一种幻觉，因此不可在虚妄中执著。由此确立“无我”、“无常”的观念，抱持“慈、悲、喜、舍”之心，就能引领众生一起摆脱轮回，进入无限，达到涅槃。

佛珠中最上品是1080颗，佛学世界里一共有10界，每一界都有108种烦恼，这样总数就是1080了。1080颗的佛珠太长，一般只有一些有名的高僧才会佩戴。

【朝珠】

除了佛珠之外，还有一种叫做“朝珠”的挂珠，它是清代官吏特有的一种饰物。朝珠与普通挂珠最大的区别是，朝珠将佛头穗的样式改成了由阔丝带系缀、用银丝珐琅裹着、被称作“背云”的大坠子，而弟子珠也移到了胸前，由三串组成。

清代官服上为何要佩带朝珠呢？说法有两种，一种说法是：满族的祖先女真族首领，最早称“满柱”意为“佛爷”、“吉祥”。满清建立政权后，将“满柱”汉译为“佛爷”并把它作为皇帝的特称。另一种说法是因为顺治皇帝到五台山当了和尚，他的后继者以佩挂朝珠的礼仪形式表示永久的追念。朝珠的大小显示着官阶的大小，朝珠的直径愈大，自然珠串愈长。

通常一盘朝珠周长大致在130～170厘米之间，珠身由108颗珠子组成，意寓12月、24节气、72候为一年的说法，总数定为108。在108颗珠中，每隔27颗穿入一颗不同材质的大珠，称为“结珠”，结珠的颜色与其他珠子形成鲜明对比。4颗结珠将朝珠分成四部分，用以表示春夏秋冬四季。挂在脖子后面与结珠相连的珠子称为“佛头”。佛头有孔与“背云”相接，背云意为“一元复始”，垂于背后，背云最下端缀有葫芦形“大坠”，称为“佛嘴”。佛头两侧又有三串小珠串，通常一侧缀两串，另一侧缀一串；两串的位置，男在左，女在右。每串有10颗小珠，每5颗为一组，中间有绦相连，下坠嵌有宝石的小“坠角”。三串小珠称为“纪念”，象征一个月有30天，为上、中、下旬，每串代表一旬。

黄白料手串・战国红

尺　寸 直径1.4厘米，共15粒

算盘珠手串・战国红

尺　寸 直径1厘米，共22粒

【佩戴讲究】

佛教认为左手为善手，也是净手，所以佛珠应该戴在左手，小粒但颗数较多的佛珠可以绕三四圈戴在手上。一般来说，佛教信徒对于佛珠的佩戴要求会更复杂，而作为饰品佩戴则没有太多的讲究。

桶珠手串・战国红

尺　寸 长2.3厘米，大珠共7粒，小珠共7粒

在古代，佛珠、朝珠都有着比较特定的作用，而在当下，人们挖掘出其更多的装饰作用，通常是将一串佛珠缠绕手腕上进行佩戴，并且在赏玩中不断推陈出新，逐渐形成了一股潮流。于是，各种讲究、各种款式、各种寓意、各种功效的手串被商家带入市场，每一种手串都变身为一门学问，且大多都能从历史中找到一些蛛丝马迹。

现在也有人将手链与手串混为一谈，实际上它们有很大分别。最简单区别是手链是单纯的装饰品，不能用来诵经念佛。

龙头手把件·战国红

尺　　寸　4厘米×4.5厘米

鉴石要点　龙是中华民族的古老图腾，很早就受到先民的崇拜，也是一种神话传说中法力无边神通广大的神物，不但能腾云驾雾，还能呼风唤雨。

手把件

手把件就是指手上把玩的物件，也是一种常见的文玩器形，属于比较典型的玩物。

手把件的材质和造型没有固定的规制，但尺寸应在长8厘米、宽5厘米左右为宜，便于一手把握；在雕工方面，要求圆润流畅，太过精细的工艺，比较扎手，也难免磕磕碰碰的受损。

常用的手把件材料，以玉石为主，除了传统的玉文化，玉石的材质本身也非常适合作为手把件，盘起来舒服、看起来漂亮，在盘玩的过程中，可以形成美丽的包浆，呈现岁月流转的凝重和沧桑。

战国红玛瑙手把件的雕刻风格，往往体现吉祥的寓意，如马上面有一只猴子，称为“马上封侯”等。手把件一般配置挂绳，挂绳可以保护器物的安全，以免摔地；还可以将手把件作为玉佩挂在腰上，便于携带。

把玩手把件能赏心悦目，同时在把玩的过程中由于手部的运动和物件的按摩，还能促进身体的健康。

首饰挂坠

除了手串和手把件外，战国红玛瑙也被用来作为首饰挂坠。佩戴首饰的种类和形式多种多样，在繁多的饰物和戴法中，既要考虑其人、其环境，又要考虑整体的效果，要注意到诸多因素间的关系。协调一致的搭配，恰当的点缀，才能起到佩戴首饰的效果。

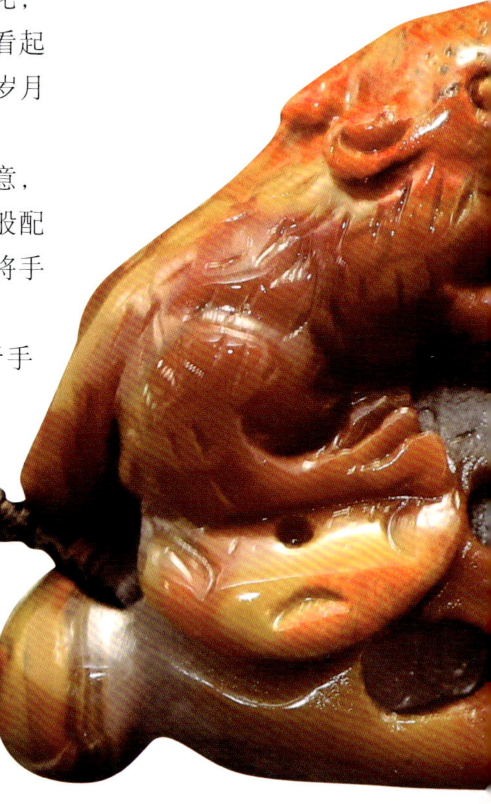

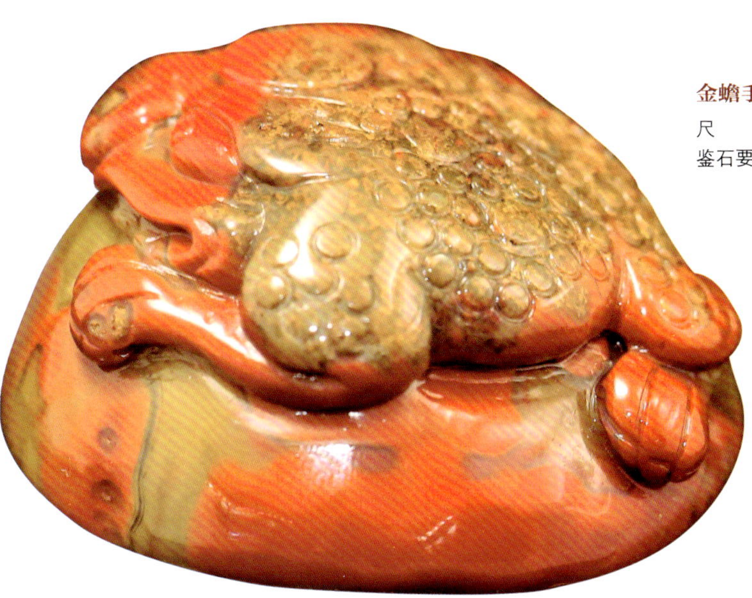

金蟾手把件·战国红

尺　　寸 3.2厘米×5.5厘米

鉴石要点 玛瑙因为产地丰富、颜色艳丽，自古就是玉雕的主要材料。此件战国红雕刻一只造型圆润的金蟾，斑纹越发显得独特而华丽。

数钱·战国红

尺　　寸 5厘米×6厘米

鉴石要点 此件作品寓意深厚，题材为两只老鼠围绕着一对金灿灿的元宝，鼠与数谐音，寓意“数钱”。

【与周围环境的协调】

佩戴玛瑙等珠宝饰品首先是要注意与周围环境的协调。这里的环境是指佩戴者的个性以及佩戴场合、职业习惯等综合因素。

性格活泼开朗或急躁容易冲动的人，一般不适合佩戴亮红色的珠宝，如红玛瑙、红宝石等，因为红色给人的感觉就是热烈、奔放，佩戴这种颜色的珠宝会强化佩戴者“急躁”的个性。这一类性格的人适合佩戴一些冷色系列的珠宝，如翡翠、蓝宝石、祖母绿、橄榄石等，这类珠宝有助于调和个性的偏激。

圆珠・战国红
尺　　寸　直径2.5厘米

对于那些比较内向以及个性稳重的人，则适合佩戴一些颜色鲜艳的珠宝首饰，这样有利于营造一种活泼向上的形象，如由红宝石做成的吊坠、耳环、钻石首饰等。

对于职业女性，在日常的工作环境里，适合佩戴一些颜色素静、造型典雅简单的冷色系列宝石首饰。如果一个人在办公室佩戴着大颗亮色系列的珠宝，会显得夸张和炫耀。

如果是要参加一些比较隆重的场合，如婚宴、晚会或朋友间特殊的聚会，应该佩戴一些颜色鲜艳、造型独特的珠宝。如伴钻石的红宝石戒指、翠绿色翡翠耳环等。

手镯・战国红（一对）
尺　　寸　口径8厘米
鉴石要点　典型的缟玛瑙材质，颜色以灰、白、红三色为主，扁条手镯，形制大方。

桶珠·战国红

尺　　寸 2.5厘米×4厘米

吉祥项链·战国红

尺　　寸 直径1.2厘米

鉴石要点 色泽鲜艳，缠丝丰富，大小均匀，配战国红心形挂坠，美观大方。共计42粒。

【与服装相搭配】

其次是要与服装相搭配。服装是主体，珠宝是服装的点缀或补充，搭配得好可起画龙点睛的功效，能衬托出佩戴者独特的气质，如果搭配不好效果就会适得其反。

一般来说，浅色系列的服装不适合佩戴颜色艳丽的珠宝首饰，如红宝石、红玛瑙等。相反，浅绿色的翡翠戒指、K金项链及粉红色的珍珠饰物则可在纯洁的气氛中增加几许妩媚和温馨。深色系列的服装适合佩戴一些颜色较为亮丽的珠宝首饰，如白色珍珠项链、钻石耳环、红宝石吊坠等，这种搭配可以使得佩戴者在庄重中凸现出超凡脱俗、华丽高贵的气质。

【与脸形配合】

再次是要注意珠宝首饰与脸形配合。珠宝，特别是耳环能够对佩戴者的脸形起到很好的平衡作用，功效是通过人们对珠宝的注意而改变或分散对脸形的注意力。

脸形为椭圆的人适合佩戴各种形状款式的珠宝，只要注意身材、服装与珠宝的协调即可。方形脸的人比较适宜佩戴一些形状圆滑，如椭圆、水滴等状的耳环，不适合戴一些棱角分明或几何形态过于规则的耳饰。方形脸的人最好不要配戴方形的首饰，或者三角形的首饰、五角形的首饰等锐利的耳环、坠子；项链、有坠子的项链或长于锁骨的项链，会在胸前形成V字形或优美的弧形，可以平衡较宽的下颚骨线条，脖子较短的人，戴长度在锁骨的下面胸腺中间以下位置的项链会好看。面部瘦削或长脸形的女性可适当配戴形如圆形、方形扇横向设计的耳环或耳坠，它们圆润方正弧线优美的特色，能够巧妙地增加脸的宽度、减少脸的长度。

玛瑙扳指·战国红（正侧）

尺　　寸 2.5厘米×0.6厘米

鉴石要点 扳指的前身是古代所称的“韘”。《说文》云：“韘，射决也，所以拘弦。”可知韘是一种专供射箭拘弦时以保护手指的器具。

【与发型的配合】

还要注意与发型的配合。留披肩长发的女性一般以戴稍大的耳扣或耳环，或悬垂式、颜色鲜艳的耳环为宜，由于披肩发本身对脸形的轮廓和线条有影响，因而，实际上留长发对戴耳环的限制较少，但一般以较醒目和有一定大小的耳环为好。留短发穿着运动装或流行时装的人一般是希望表现出活泼、青春的形象。这时的首饰可选择一些装饰性强的首饰。如一些低档随意形宝石做成的项链、人造宝石的首饰、玛瑙饰品、几何抽象图形的耳环等。

整体效果的搭配

最后还要考虑整体的效果，一般情况下，全身的首饰最好别超过三件，四件套饰、五件套饰佩戴一定要慎重，只有较正式和隆重的场合才可以佩戴，环境不合适就会有做作之嫌，过于堆砌，产生负面效果。另外，套件由于数量的增多，色彩的重量增大，对服装的色彩和造型设计影响就会相对较大。

摆件

除了佩戴装饰外，大件的玛瑙石被用来雕刻成各种精美的摆件，放置在家中或者办公室，闲暇时赏玩，不仅能改善风水还能提高情趣。对于初入此行的人来

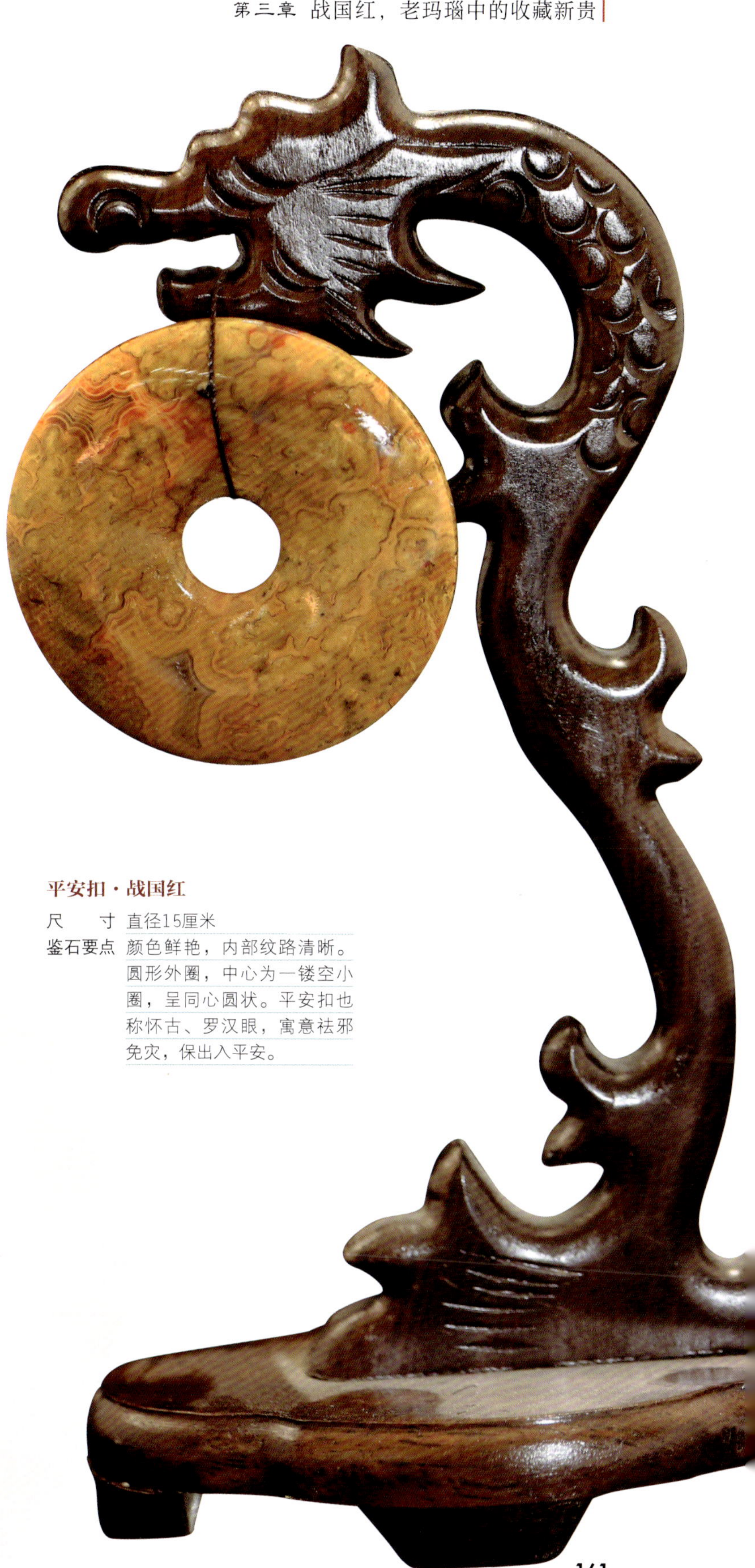

平安扣·战国红

尺　　寸　直径15厘米

鉴石要点　颜色鲜艳，内部纹路清晰。圆形外圈，中心为一镂空小圈，呈同心圆状。平安扣也称怀古、罗汉眼，寓意祛邪免灾，保出入平安。

说，可以通过以下几种方式来鉴别玛瑙摆件的优劣。

【观外形】

一是观外形。一件玛瑙雕件先要看其形状的整体设计是否合理、棱角的处理是否到位并可能保留部分皮相。有一些玛瑙摆件用的是真材实料，但为了显得古旧，会在表面做老化处理，这也是一种技法，具有一定的收藏价值。还有一些是纯粹的造假，专门仿刻古人和现代名家的作品，有的卖家会明确告诉是仿的，还有的就声称是真迹，这些都是藏家必须注意的。在考证这类作品时，一定要结合年代以及名家的雕刻特点进行判断。

盘龙摆件·战国红（正侧）

尺　　寸　6.5厘米×14厘米×5.8厘米

鉴石要点　此件采用浮雕、透雕等技法，龙的姿态威武，首尾呼应，须发以阳线刻出，技法娴熟，纹饰典雅。

【查颜色】

二是查颜色，也就是观察玛瑙色彩的分布。包括色相色彩分割取舍是否合理，色彩处理是否恰如其分等。

【掂手感】

三是掂手感。在用眼睛观察外形后，可用手去抚摸玛瑙雕件，亲自上手体会玛瑙表面的质感。上等的玛瑙圆润，饱满，一旦在握，反复摩挲的快感全在于手掌及手指间，最亲近于心。

【审肌理】

四是审肌理，包括纹路、纹理，裂格(裂是有明显或不明显的缝隙，格是本身固有的分隔线或纹线)。好的玛瑙雕件的纹路处理，尽可能要体现纹理美，做到巧用纹理；对于裂纹或者瑕疵的处理，通过巧雕等手法力求化不足为神奇。用于收藏的玛瑙器皿最好采用上乘的天然玛瑙雕琢。单从常见的红玛瑙来看，天然玛瑙一般都呈现出橘黄微灰的色调，间或掺杂着如山峦般起伏的纹理，颜色纯正较深的为上品，纹路整洁起伏有序为佳，但不似人工合成玛瑙那种深红或鲜亮的金红，也不可能通体均匀一色。

析创意

五是析创意。创意是对现实存在事物的理解以及认知，所衍生出的一种新的抽象思维和行为潜能。一件成功的玛瑙作品在于将玉石和工艺的完美结合，一个好的创意主题就如给作品注入了灵魂。

【看雕功】

六是看雕功。“行家一出手，就知有没有”，玛瑙雕刻是一个技术活，千百年来，名家辈出，而人们推崇名家的主要原因之一就是雕工。好的雕刻家或简练，或精致，或浑厚，或娟秀，具有独特的艺术风格。

值得收藏的玛瑙器皿做工要求细致轻薄，越薄越均匀越值钱。

通常来说，加工一件普通的玛瑙产品只需要半天到3天的时间，而要加工一件高档次、有质量的玉雕产品，则至少需要1个月。耗费时间长的雕件，自然是凝结了工匠艺人的心血，其价值自然也就比较高；而一些加工时间短的雕刻作品，其工艺质量可想而知。

在赏析玛瑙雕件的时候，如果是人物雕刻，最关键的是看人物“手脚”部位的雕工。那些雕工细致、技术精湛的工艺品，其“手”、“脚”部位的雕刻不仅栩栩如生，而且十分细腻，活灵活现，如同真的一般；而那些低档工艺或者工艺不够精细的玉器，其雕刻的“手”、“脚”，则十分死板，硬直，没有任何灵气，线条也比较粗糙。除了“手脚”部位外，还要看面部表情是否到位。

前程似锦摆件·战国红

尺　　寸 7.8厘米×12厘米

鉴石要点 柠檬黄料，黄色清亮愉悦，就像柠檬一般。用浮雕工艺雕刻铜钱串、缠枝纹等，寓意“前程似锦”。

好料需要勤保养

玉碗·战国红

尺　　寸　口径8厘米

鉴石要点　撇口，深腹，圆足，薄胎，造型简洁规整，周身无饰，光素平滑，但做工一丝不苟，简洁有力。

玛瑙是一种比较贵重的物品，在佩戴使用的过程中，由于受环境、生活习惯等影响，经常会遇到失去光泽、变色、变形断裂、脱落等现象。因此，平时需要注意佩戴方式和爱护保养，才能常保璀璨闪亮。

防划伤

战国红玛瑙的硬度较高，很难被其他物品划伤，但有的玛瑙内部存在诸如裂理等结构缺陷，有的硬度较高但韧度较低，在强力的碰撞下容易断裂。因此，战国红玛瑙饰品保养的首要条件就是防止硬物或外力的撞击，佩戴者在做运动、粗重工作时，都不应该佩戴。

防油脂

战国红玛瑙戴久了会吸收皮肤或外来的油脂(包括一些化妆品)，或长时间摆放产生灰尘积累，并因此严重影响其光亮度。因此，我们进入厨房前，最好取下首饰，另外，也不要经常用手去触摸饰品，因为人的手上也会有油脂分泌，也会影响宝石的光泽。对于那些佩戴在身上与肌肤贴近的饰件，如手镯、挂件等，要经常用中性洗涤液清洗，个别雕工复杂的，可以用软毛刷(各种毛笔是不错的选择)轻刷，再放到阴凉处吹干即可。新购玛瑙饰品一般应先在清水中浸泡几小时，再用软毛刷(牙刷)清洁，然后用干净的棉布擦干后再佩戴。

防酸碱物

当沾到含酸、碱性的物质，可能会对玛瑙有所损害，因此我们在日常生活中，不要让玛瑙碰

招财进宝手把件·战国红

尺　　寸　4.5厘米×2厘米

鉴石要点　鸡油黄料，其色彩艳丽，颜色过渡自然，外表油润感强。

到化妆品、香水、肥皂等可能含有酸碱物质的物品。同时也要记得佩戴玛瑙首饰要有顺序，先化好妆，再佩戴。

防松动

对于一些镶嵌工艺制作而成的玛瑙饰品，需要定期“体检”，到珠宝店去查看是否有松动现象。

防热源

佩戴或者收藏战国红玛瑙要注意避开热源，如阳光、炉灶等，因为玛瑙遇热会膨胀，分子体积增大影响内质，持续接触高温，还会导致玛瑙发生爆裂。因此到日照强烈的沙滩等地游玩时尽量不要佩戴玛瑙首饰，避免过强的阳光直接照射。喜欢蒸桑拿的朋友，在进桑拿房前也要将玛瑙饰物取下，不要让玛瑙长期处于高温湿热的环境中，在泡温泉时温泉中的硫黄会对玛瑙的质地造成极大伤害。

防湿度

玛瑙要保持适宜的湿度，尤其是水胆玛瑙在形成时里面就存有天然水，如果保存环境很干燥，就会引起里面天然水分的蒸发，从而失去其收藏的艺术和经济价值。

送财童子手把件·玛瑙

尺　寸 7厘米×5厘米×3厘米

鉴石要点 孩童左手持珠，右手持如意，脚踏钱币，面目清新，生动传神，寓意童子送财。

人生如意摆件·战国红

尺　　寸　14厘米×15.5厘米

鉴石要点　雕刻人参、白菜、铜钱图案，人参与人生谐音，白菜与百财谐音，整个作品题材丰富，寓意吉祥。

富贵有余摆件·战国红

尺　　寸　5厘米×4厘米

鉴石要点　一朵盛开的莲花下面，两只小鱼嘴衔水草自由嬉戏，寓意富贵有余。

富贵吉祥摆件·战国红

尺　　寸 10厘米×16厘米

鉴石要点 在一朵盛开的牡丹旁边，一只凤凰正流连忘返，寓意富贵吉祥。

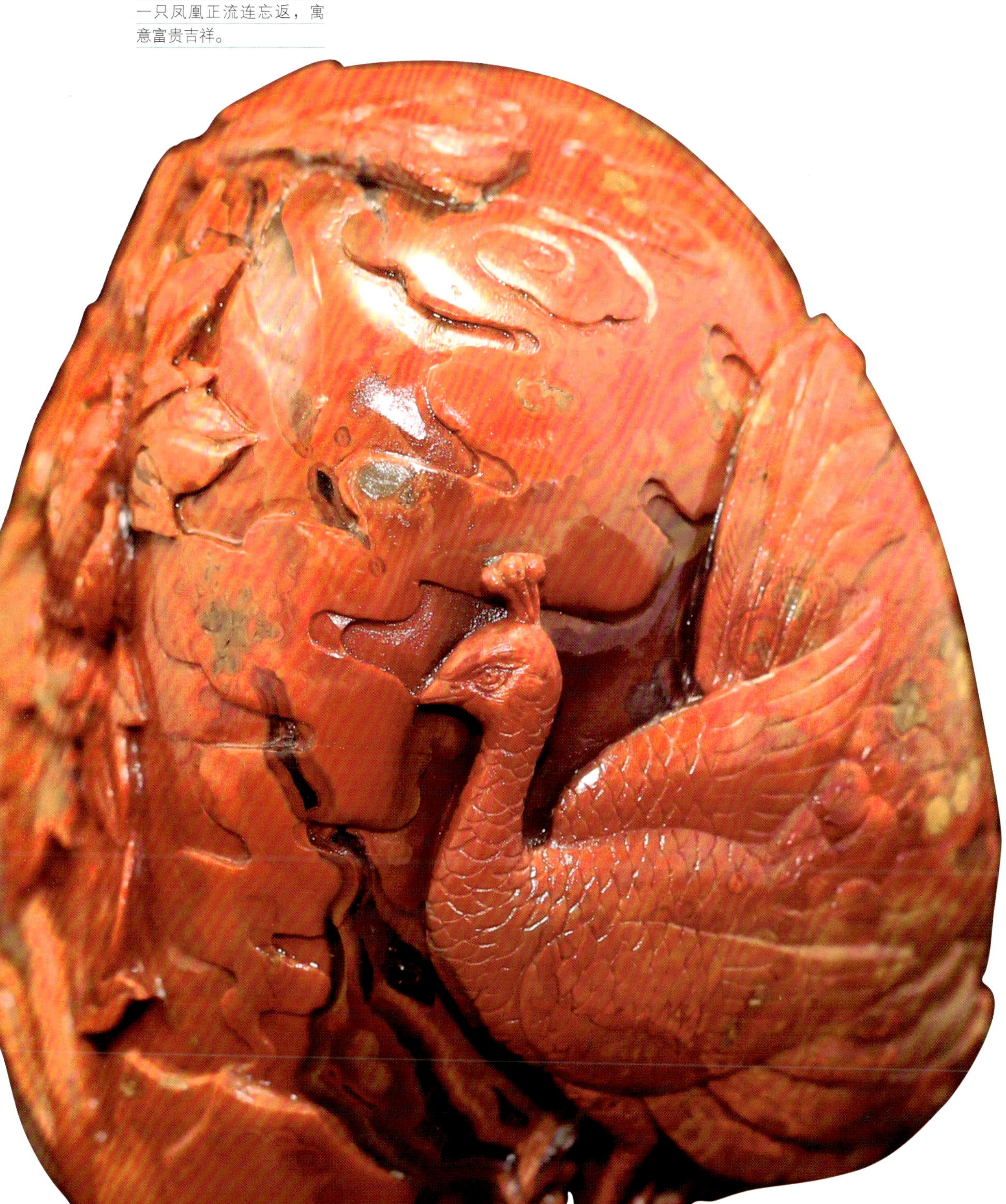

龙玺·岫玉

尺　　寸 12厘米×12厘米×20厘米

第四章

岫玉，中国玉文化的开创者

岫玉成就中国“玉都”

岫岩玉，简称“岫玉”，因最初被发现于辽宁省鞍山市岫岩满族自治县而得名，是中国的四大名玉（新疆和田玉、河南独山玉、辽宁岫玉、湖北绿松石）之一。广义上的岫玉是指来自辽宁、广东南方、四川、新疆昆仑等地的岫玉品种。国家标准GB/T16552-1996“珠宝玉石名称”中的“岫玉”，专指带有地方性名称概念岫岩县产出的岫玉。发展到现在，岫玉工艺品不仅遍及北京、上海、广东的各大城市，走俏港、澳、台，还远销日本、韩国及欧美等100多个国家和地区。

岫岩县的地名由来

岫玉主要产于岫岩县的哈达碑镇，距县城21千米，分布在北瓦沟、王家堡子一带。除此之外，在岫岩县境内还发现有10多处矿床或矿点。其他如宽甸、凤城、丹东等地也有岫玉矿床、矿点或矿化线索发现。其含矿地层亦均为元古代辽河群大石桥组的富碳酸盐岩层。

岫岩满族自治县地处辽东半岛北部，东及东南与凤城市、东港市毗连，西与大石桥市、盖州市为邻，南与庄河市相接，北及西北与辽阳县、海城市接壤。总面积4502平方千米，下辖18个乡镇、5个区，是个“八山半水一分田，半分道路和庄园”的山区县。全县总人口52万，其中城市人口15万，满族占全县总人口90%以上。1985年1月17日，经国务院批准成立满族自治县。

关于岫岩县地名的由来当地流传有两种说法：一说是岫岩满族自治县位于黄海之滨，沿海有很多海潮冲击岩石形成的洞穴，所以取名岫岩，岫指的就是“有穴的山”；

钟馗·岫玉

尺　寸　50厘米×20厘米×20厘米

鉴石要点　利用岫玉原料特有的白色部分深雕了威猛的钟馗的头像，头像部分作了抛光处理，其余原石本色不变，岫玉原石整体不抛光，以原始的坚硬粗犷更加衬托了钟馗威猛、镇邪降妖的内在力量。

一说是岫岩之名始于金代。1191年辽东提刑官王寂巡查各地时到了岫岩境内，见境内大山“连绵不绝，数峰侧立，状如翠屏，秀色可掬”，而誉名“况秀岩”。1193年设县时，遂以“秀岩”命名，意为山多秀丽。到了明代又因为境内峰峦重迭的自然地理特征，改“秀”为“岫”，其名沿用至今。这两种说法前者突出了岫岩的地理地貌，后者则显示了岫岩浓厚的历史背景。

玉都的美誉

特殊的地理环境造就了岫岩县丰富的地下资源，目前全县已探明地下矿藏多达43种，其中玉石、菱镁石、铁矿石、方解石、白云石和滑石是岫岩的“六大宝石”。岫岩因此也成为全国最大的玉石产地，生产销售总量占全国同行业80%以上。岫玉制品入选2008年奥运会指定纪念品，“岫玉星”被国际天文组织正式命名。岫岩是中国珠宝玉石的特色产业基地，于2006年被国土资源部中国矿业联合会正式命名为“中国玉都”。岫玉雕刻工艺被确定为国家非物质文化遗产。

目前，在岫岩镇内已经形成了“中国玉雕会展中心”、“玉都”、“东北玉器交易中心”、“荷花玉器交易市场”、“岫玉雕艺术宫”等几大专业市场，是岫玉展览交易加工制作的主要场所。

岫玉素以单体硕大无朋著称。20世纪60年代初在东山露天采矿场地层下掘到一块色彩斑斓、无杂质绺裂、玉质极佳的“玉石王”，重260多吨。

连年有余·岫玉

尺　寸 37厘米×18厘米

鉴石要点 “鱼”与“余”谐音，年年有余寄托着中国劳动人民美好的愿望：希望年年有余，富贵平安，五谷丰登。

周恩来总理闻讯，专门作了保护国宝的批示。限于运输能力等缘由，经过了33年的漫长等待，“玉石王”才得以“起驾”，落座鞍山。

1995年“世界第一玉佛”现身“玉佛苑”，正面为结跏趺坐的释迦牟尼，背面为手执净瓶的渡海观音。臻善臻美的工艺，极尽巧雕之能事，凸现出斑斓的玉色，使玉佛更显庄严殊胜。

养生功效

“人养玉，玉养人”，除了具有象征意义之外，玉也具有非常多的实际用途。玉对人体的医疗健身作用很早就被人类发现，中医药巨著《神农本草》、《唐本草》、《本草纲目》中都有过著述。《本草纲目·金石部第八卷》中记载，玉具有“除胃中热、喘急烦懑、滋毛发、滋养五脏、柔筋强骨、止渴、润心肺、助声喉、安魂魄、利血脉、明耳目”等疗效。玉与人的身体紧密接触，可以气血相通，一个体质好的人佩戴一件好的玉器一段时间后，玉器也会变得光洁温润，人也因此更加容光焕发。反之，则两者皆晦暗无光。

岫玉对人体也具有很好的养生功效，根据光谱测量分析表明：岫玉的特殊分子结构使其发射人体能很好吸收的红外线电磁波。波长刚好在8～10μm的范围内，波峰在9.9μm处。这种作用通常叫做共振吸收，或叫做偏匹配吸收。这种电磁波能产生极好的生物作用，改善循环，刺激再生，酶活性提高，生理功能恢复，加强细胞吞噬功能和抗体的生成。

财不离身·岫玉

尺　　寸　10厘米×21厘米

鉴石要点　质地细腻，特别滋润，给人以一种刚中见柔的感觉。寓意财源广进，极其名贵。

硕果累累·岫玉

尺　　寸 10厘米×18厘米

鉴石要点 饱满大个的葡萄，寓意硕果累累，整体抛光亮泽，并配有精雕细刻木架。造型典雅，线条流畅，质地细腻，色泽剔透。

岫玉掀开中国古玉历史的篇章

黄金有价玉无价，中国人对玉的评价一直很高，先秦典籍《管子》一书就认为："以珠玉为上币，黄金为中币，刀布为下币。"可以说中国的历史也是一部玉文化史，在中国的历史上，玉集三千宠爱于一身，有数量庞大的赞美玉的诗歌流传于世："洛阳亲友如相问，一片冰心在玉壶"、"雕琢复雕琢，片玉万黄金"、"试玉要烧三日满，辨材须待七年期"……形容美女叫做"玉人"，把美腿叫"玉腿"，就连与敌人同归于尽也称之为"玉碎"。

古玉文明新篇章

中国对岫玉的认识和开发利用具有悠久的历史，根据考古发现，内蒙古小河沿文化、辽宁新乐文化等东北地区的文化，山东大汶口文化、龙山文化的玉器大部分都是由岫玉制成；而河北、山西、河南，以至江浙的良渚文化玉器中也有部分为岫玉所制。

在江苏、浙江一带出土的新石器时代良渚文化的玉器中，经鉴定也有岫玉。安阳殷墟妇好墓中出土的700余件玉器，有40多件是用岫玉雕制而成。

台湾著名古玉器专家吴棠海认为，"中国最早玉器出现于距今约7500年的辽宁阜新查海的新石器时代早期遗址内"、"作为岫玉的故乡，辽宁阜新查海和内蒙古兴隆洼率先揭开了中国古玉文明的篇章"。

锦绣前程・岫玉
尺　　寸　26厘米×30厘米×15厘米
鉴石要点　玉质润泽，雕工精美，花与物完美地结合，构成了动静结合的美好景象。

金缕玉衣的美石

从商周、春秋、战国到西汉，一直都有岫玉制品。汉初《尔雅·释器》载有“东方之美者，有医无（巫）闾之珣玗琪焉”。两晋之交著名的学者、文学家郭璞对其注释为：“医无闾，山名，今在辽东。珣玗琪，玉属。”由此可知，古人对岫玉的评价相当之高。

1968年从河北满城西汉古墓出土的旷世珍宝“金缕玉衣”，系岫岩透闪石玉磨制。我国目前已经出土玉衣的西汉墓葬共有18座，而“金缕玉衣”墓仅有8座。其中最具代表性的是河北满城一号墓。

一号墓中，中山靖王刘胜的“金缕玉衣”共用玉片2498片，金丝重1100克，刘胜之妻窦绾的玉衣共用玉片2160片，金丝重700克，玉衣设计精巧、做工细致，是旷世难得的艺术瑰宝。1968年，这两件“金缕玉衣”出土时，轰动了国内外的考古界。

“金缕玉衣”出土后，其玉材来源问题立即引起国内专家学者浓厚兴趣。一派认为，玉材应为新疆和田玉；另一派认为，2000多年前的交通运输条件不可能将和田玉自新疆运至中原，“金缕玉衣”应为就地取材，很可能是岫岩出产；折中派则认为，“金缕玉衣”一部分为和田玉，一部分为岫玉。此三派自“金缕玉衣”出土之日起即争论不休，始终未有定论。

2001年，北京大学地质系王时麒教授到河北石家庄历史博物馆，实地考察满城出土的“金缕玉衣”原件，对上千玉片逐一分析，就其玉质、色泽，与新疆和田玉进行科学对比。经大量工作，最终认定“金缕玉衣”之上所有玉片，均系岫岩闪石玉磨成。

人生原石·岫玉

尺　　寸 12厘米×15厘米

鉴石要点 采用上好的岫玉原料，玉质油润，晶莹透明，颜色纯正，自然形成“人”字，是一件难得的收藏品。

文房山子笔架·岫玉

尺　　寸 6厘米×8厘米

据史书记载，“金缕玉衣”是我国汉代规格最高的丧葬殓服，大致首次出现在西汉文景时期。汉代皇帝和贵族，死时穿“玉衣”（又称“玉匣”）入葬。它们是用许多四角穿有小孔的玉片，用金丝、银丝或铜丝缀起来的，分别称为“金缕玉衣”、“银缕玉衣”、“缕玉衣”。到三国时期，魏文帝曹丕下令禁止使用玉衣，玉衣从此在中国历史上消失。

鼎盛时期的辉煌

清代是中国玉器发展的鼎盛时期，尤其是清盛世的康熙、乾隆年间，更以玉为重，由于国家的统一和社会的安定，再加之岫岩处于东北清王朝的发祥地，于是岫玉迅速进入较大规模的开发时期。

据传，清朝皇太极刻有“皇帝奉天之玉”的传国玉玺，乾隆皇帝刻有“国朝传宝记”的玉玺，都是用岫玉雕制而成。清咸丰七年(1857年)所修的《岫岩志略》就有记载：“岫岩石，石具五色，坚似玉……邑北瓦沟诸山多有之。”

由此可见，中国玉文化史离不开岫玉的发展。岫玉深厚的文化内涵，在中华民族源远流长的传统文化中不断地滋生、蔓延……

丰收·岫玉

尺　　寸　26厘米×20厘米×15厘米

鉴石要点　整体雕刻成一串葡萄，颗颗葡萄圆润光滑，翠色迷人，雕刻精细，颜色清新亮丽，因葡萄结实累累，用来比喻丰收，象征人生事业各方面都成功。

如鱼得水·岫玉

尺　　寸 15厘米×22厘米

鉴石要点 质地细腻油润，油性、密度极佳，精工雕做，线条流畅。正面雕刻三条鱼，意味着如鱼得水，寓意年年有余。

岫玉的多彩颜色

岫岩玉的颜色有深绿、绿、浅绿、黄绿、灰绿、黄褐、棕褐、暗红、蜡黄、白、黄白、绿白、灰白、黑等色彩，如此丰富的颜色，常使岫岩玉有极其美丽的“巧色”，适合雕刻各 种题材的玉雕艺术品。颜色的深浅与铁含量的多少有关，含铁多时一般色深，反之则色浅。按颜色可将岫玉分为绿色岫玉、黄色岫玉、红色岫玉、黑色岫玉、白色岫玉、花色岫玉等品种及其间的过渡性亚种，它们之间的区别主要在于颜色上的差异。岫玉颜色的深浅与内部铁离子（Fe^{2+}）含量的多少有关，含铁离子多时一般色深，反之则色浅。玉石还有强烈的蜡状光泽、玻璃光泽，有的显油脂光泽；微透明至半透明，少数透明。其透明度与矿物成分和化学成分有关。

白色岫玉

少量呈纯白色，多呈黄白色。有的还有类似于和田玉一样的表皮，所以也常被用来作伪和田玉。

貔貅·岫玉

尺　　寸　17厘米×10厘米×15厘米

鉴石要点　貔貅是一种凶猛的瑞兽，是龙生九子之一，排行第八。天生无鳞、无毛、无屁眼，专吃四方钱财和鬼魅， 既能招财纳财，又能辟邪。因为没有屁眼，所以吃财只进不出。

岫玉白菜·岫玉

尺　寸 15厘米×21厘米

鉴石要点 它是由一整块岫玉雕刻而成，充分运用了玉料自然的色泽分布，菜叶自然反卷，筋脉分明，白菜象征清白，也与“百财”谐音，富有非常吉祥的寓意。

绿色岫玉

绿色单一，质地温润、晶莹、细腻、性坚、透明度好。

黄色岫玉

黄色单一，质地温润、晶莹、细腻、性坚、透明度好。

黑色岫玉

黑色单一纯黑块体很少，质地温润、晶莹、细腻、性坚、不透明，这种玉石多用来制作饰品小件。

红色岫玉

通体红色的较少，只有少量的花玉的局部有一定的红色，但也难见纯红色的，多呈浅红、浅黄红，质地细腻、性坚、不透明。

花玉

花玉是指蛇纹石玉在地表氧化带受次生褐铁矿浸染的玉种，即一部分富含硫化铁的蛇纹石玉，当其处于地表氧化带时，由于风华作用，其中的硫化铁发生分解，形成铁的溶液，沿着蛇纹石的裂隙渗透浸染形成黄褐色褐铁矿或红色赤铁矿，从而使蛇纹石玉被染上黄色、褐色或红色的斑块和条纹。

花玉的颜色有浅绿、绿、暗绿、黄、黄绿、黑、浅褐、浅黄褐、灰白互相混杂，或以某一种或二种色为主。花玉颜色丰富、色彩斑斓，特别适合“巧雕”，加之优质的花玉储量稀少，而目前花玉的价格又远低于老玉及河磨玉，从而成为理想的投资收藏佳品。

岫玉的特性和种类

俗话说“一方水土养一方人”，与此类似，岫玉的形成离不开当地特殊的地质构造。岫玉出产地区位于中朝准地台、辽东台隆、营口－宽甸台古隆起的西端，它是中国境内时代最老的地台，主体形成于距今18亿年以前，区内古老地层构造复杂，变质作用强烈，为岫玉矿床的形成提供了良好的条件。

岫玉的物理特点

岫玉的摩氏硬度为4.8～5.5度，密度2.45～2.48克／立方厘米，呈半透明或不透明，质地细腻，性软而脆，带有油脂光泽。在用于雕刻材料时，要求岫玉颜色浓艳、柔和、均匀或有美丽的“巧色”，显强烈的蜡状光泽、油脂光泽。

岫玉的矿物成分

按照矿物成分的不同，可将岫玉分为蛇纹石玉、透闪石玉、蛇纹石玉和透闪石玉混合体三种，它们之间的主要区别在于彼此矿物组成的不同，其中出产量最多的是蛇纹石玉。

岫玉的化学成分

蛇纹石玉主要产自哈达碑乡的瓦沟村，是中温热液矿床。透闪石玉主要产自偏岭的细玉沟，因为开发使用比较早，所以称为“老玉”。它的主要化学成分为二

代代富贵・岫玉

尺　　寸 21厘米×15厘米

鉴石要点 龙为传说中吉瑞的万兽之首，蔓带谐音万代，寓意代代瑞吉福贵。雕件采用透雕技法，雕工精湛细腻，十分精美。

氧化硅、氧化镁、氧化钙、三氧化二铝、氧化铁、氧化钠等。蛇纹石玉和透闪石玉混合体玉石主要产自岫岩的三家子镇、大房身镇等地，它具有透闪石玉与蛇纹石玉的综合成分和特性。这种玉石的颜色不是单一的颜色，而是白绿相间的混合色，基本不透明或微透明，与翡翠很相似，因此开始时人们把它叫做“假翠”。后经有关专家鉴定正式将其命名为“甲翠”。

龙头香炉·岫玉

尺　　寸　17厘米×17厘米×13厘米

鉴石要点　玉龙头香炉，造型非常漂亮。龙，自古以来就是权力的象征，寓意至尊无上的权力。此款龙头香炉，两侧环绕威猛的龙头，不仅将晶莹的通透感完全展现出来，还体现了至高的尊荣。

岫玉的盛产地

岫玉矿床主要分布于营口－宽甸古隆起南侧的三家子－王家堡子复式倒转向斜中，另外在区域东南部的东港市合隆－长安一带以及宽甸红石砬子等地也有同类玉矿石产出。区域内褶皱及断裂构造发育，岩浆活动频繁，变质作用强烈，含矿地层为辽河群大石桥组变质岩系。岫玉多产于元古代壳型黑云二长花岗岩及辽河群富镁大理岩接触带附近的层间断裂中，含矿带多呈似层状，矿体多呈大小不等的透镜状、扁豆状，偶见网脉状及团块状，极少数矿体沿断裂发育，而形成规模相对较小的不规则脉状矿体。

岫玉是由纤蛇纹石和叶蛇纹石为主组成的致密块体，在显微镜下观察呈纤维鳞片变晶状结构，少数为束状或鳞片或细粒变晶结构。其组成矿物除叶蛇纹石和纤蛇纹石外，还含有胶蛇纹石、滑石、菱镁矿、透闪石、方解石、白云石、石英、绿泥石、水镁石、褐铁矿、水云母等矿物。

岫玉的矿洞分布

按照矿洞所处的产地位置，岫玉还可分为瓦沟玉、细玉沟玉等。

瓦沟玉在国际上亦称新山玉，主要产于岫岩县哈达碑乡北瓦沟一带，瓦沟玉主要以蛇纹石玉为主，颜色丰富，其基本色调为绿色、黄色、白色、黑色、灰色等，每一种又都可根据色调由浅到深的具体变化分为多种。瓦沟玉的一大特点是质地细腻、温润，外表呈玻璃状光泽，颜色绚丽多彩，透明度较高。

与北瓦沟仅一岭之隔的偏岭镇细玉沟，是一条约10千米的狭长山谷，这里出产的玉多属透闪石软玉，其质地异常细腻、温润，性坚韧，微透明，多呈翠绿色，很像翡翠，是玉中上品。民国十七年（1928年）所修的《岫岩县志》中载："北区有村，名细玉沟者，沟心有小河一道，长约十余里，直通大河，夏令水涨后，村民沿河采玉，玉质外包石皮，内蕴精华，所谓石蕴玉者此类近似。质润而坚，其玉色白如猪脂、红似樱桃者为上，黄白色及蛋青色次之。上者夜能放光，冬暖夏凉，相传可避瘟疫。"

连年有余·岫玉

尺　　寸 17厘米×10厘米×33厘米

鉴石要点 造型极为别致，有着别出心裁的创新与创意，鱼形生动形象，细节刻画极为逼真。古代人们由于收成不好，因此时常向上苍祈祷希望能够年年有余，生活安康而幸福。在这里"鱼"谐音"余"，具有浓郁的中国民间特色。

海豚·岫玉

尺　　寸 15厘米×10厘米×5厘米

鉴石要点 雕工自然、灵动，海豚体态轻盈，整个造型极富现代感。

岫玉的掘采与捞采

根据岫玉的产出类型，岫玉的开发有两种形式：一为掘采，一为捞采。掘采是最原始的采矿法，过去主要是用铁锹、镐、钻、凿等为工具，在地面上发现矿苗后，须先挖去浮土，再掘坑取玉。如遇地下水涌出，则以柳灌斗将水汲干。遇有大块玉则以凿钻孔，装上炸药破碎。因此所得良玉甚少，多被震出纹绺，不堪雕琢。

岫玉的掘采

1957年岫岩县成立玉石矿后，采玉工艺基本上是沿袭旧式手工作业，露天开采。60年代后，修建了矿山专用公路，架设了专用输电线路，增设了空压机、卷扬机、凿岩机、抽水机等矿山设备。70年代，逐渐转入井下开采，基本实现采掘、运输机械化。80年代后，又引入灌入式、涨药法等开采新工艺、新技术，使玉石的利用率比爆炸法提高20%。

岫玉的捞采

捞采就是在河流的河滩和浅水河道中拣玉石、捞玉石。采玉有季节性，主要是秋季和春季。山中有多条河流，夏季时河水暴涨，流水汹涌澎湃，这时山上的原生玉矿经风化剥蚀后的玉石碎块由洪水携带奔流而下，到了低山及山前地带因流速骤减，玉石就

矿物原石·岫玉
尺　寸 19厘米×28厘米

堆积在河滩和河床中。秋季时气温下降，河水渐落，玉石显露，人们易于发现，这时气温适宜，可以入水，所以秋季成为人们拣玉和捞玉的主要季节。冬天时天气寒冷，河水冻冰，玉石不易发现，也难以拾捞，因此，冬季一般不采玉。到了春季，冰雪融化，玉石复露出，又成为拣玉和捞玉的好季节。

为了保护岫玉资源，岫岩县政府于1999年7月1日出台了《岫岩满族自治县玉资源保护条例》，对岫玉实行限量开采，年开采量在千吨以下。岫玉原料实行统一管理，各开采矿山企业凭地矿主管部门的准运手续予以销售，加工厂点凭准运手续始可发运。凡购买岫玉原料的单位和个人，在办理准运手续的同时均按销售额的20%缴纳岫玉资源保护费。采矿权人对岫玉原料自行加工的，按照征收时市场销售平均价格的20%缴纳岫玉资源保护费。

福禄山子·岫玉

尺　　寸　21厘米×8厘米×27厘米

鉴石要点　玉山子是置于案头或室内供观赏陈设的摆件，多用整块玉料雕成。此作品在保留原始玉料整体外形的前提下，雕琢具福禄寓意的图案，制成后由于器型似一座小山，故名山子。

富贵有余·岫玉

尺　　寸 21厘米×15厘米

鉴石要点 雕刻线条流畅，代表了喜庆顺利，造型丰满。更为特别的是雕刻如鱼得水的鲤鱼，寓意事事都吉祥如意。

福禄葫芦瓶·岫玉

尺 寸 15厘米×15厘米×33厘米

鉴石要点 颜色绿意鲜艳，微带黄色调，使人感受到亮丽的生命感。非常高的透明度，更显得晶莹剔透、生机勃勃。

岫玉的鉴赏要点

工艺美术上要求岫玉颜色浓艳、柔和、均匀或有美丽的“巧色”，显强烈的蜡状光泽、油脂光泽，半透明至透明。根据色泽、质地、块度等因素可将岫玉分为特级、一级、二级、三级四个等级。

玉佛·岫玉

尺　　寸　12厘米×17厘米

鉴石要点　纯手工雕琢而成，造型独特，纹理清晰，润泽细腻；玉佛面带微笑，憨态可掬，有招财的寓意。

特级

深绿色，蜡状光泽、油质光泽强，透明度高。质地致密细腻坚韧，无裂纹和杂质，块重50千克以上。

一级

绿色，显蜡状光泽、油质光泽，透明度高。质地致密细腻坚韧，无裂纹和杂质，块重10～50千克。

二级

黄绿或其他均匀的艳色，显蜡状光泽、玻璃光泽，微透明至半透明。质地致密坚韧，无裂纹，有少量杂质，块重5～9千克。

三级

杂色或颜色不均，显玻璃光泽，微透明。质地致密坚韧，无裂纹，有杂质，块重5千克以下。

喜鹊登梅·岫岩花玉

尺　　寸　29厘米×30厘米

鉴石要点　“喜鹊登梅”是中国民间最为喜闻乐见的吉祥喜庆图案，玉雕中也常以梅花枝头站立两只喜鹊来表现“喜上眉梢”主题。古人认为鹊能报喜，故称喜鹊或报喜鸟，两只喜鹊即双喜之意。“梅”与“眉”同音，借喜鹊登上梅花枝头，寓意“喜上眉梢”、“双喜临门”、“喜报春先”。

投资岫玉的标准

与和田玉、翡翠等热门玉石一样，岫玉目前的价格涨幅也呈节节高的走势。虽然岫玉投资市场前景广阔，收益率高，但也并不是说所有产品都适合投资。投资者必须拥有从众多品种中挑选具有升值空间的品种的能力。一般来讲，具有升值空间的品种有以下四个标准。

保真防伪

第一，岫玉产品的真伪是投资的前提。现在的玉石市场，仿制品很多，如果投资者买到仿制品，不但无法得到收益，还可能会血本无归。因此，在选择玉石产品时，一定要经过国家权威部门的鉴定和检验，保证所买到的玉石产品是真品。

以“精”为准

第二，选择产品投资要以“精”为准。虽然岫玉雕刻中有很多雕刻名家的作品，但因为资金的关系，并不是所有投资者都能买得起这些名家的作品，因此对于中小投资者而言，应该选择以“精”为准的投资原则，就是在价位一定的情况下，一定要从中选择出最好、最优秀的作品，这样才能为投资者获取最大的收益。

年年有余·岫玉（底座）

尺　寸 18厘米×24厘米×8厘米

以“全”占优

第三，保证玉石产品的完整性——全。成套出现的玉石产品最好保证完整，如有缺失则影响它升值的空间。就单件玉石产品来说，破损、品相不好等也称之为不全。这种不全的玉石产品价值会大打折扣，严重的可能会没有收益。因此，不全的玉石产品并不适合进行投资。

以“稀”为贵

第四，玉石投资以“稀”为贵。岫玉种类较多，在投资中要选择稀有的品种，如可与和田玉媲美的河磨玉。所谓物以稀为贵，在广大投资者还没有意识到某一类玉石产品具有投资价值之前抢先收购，不但投资价格低，而且收购机会也很多。日后，一旦这类产品的价值为大众认同，那么最早的投资者就可以获得极大的收益，当然这也需要投资者拥有独到的眼光。

年年有余・岫玉

尺　　寸 18厘米×24厘米×8厘米

鉴石要点 雕工细腻，手法俊秀洒脱，荷花鲤鱼生动逼真，非常高雅漂亮。寓意年年有余、生活富足。

岫玉玉雕的精美特点

古语说："玉不琢，不成器。"玉文化是我国的传统文化重要组成部分，赏玉、爱玉、藏玉、崇玉融入了人民群众的日常生活当中。从古至今，劳动人民在琢玉实践中，不断总结经验，逐步提高设计制作技术水平，玉雕精品不断面世，备受世人关注与喜爱。

南北流派玉雕特点

玉雕行业发展几千年到现在，形成了南北两个流派，这两个流派又以北京玉雕、海派玉雕、扬州玉雕等为代表，各有着不同创作风格和特色，使得玉雕行业形成百花争鸣，百花齐放的场面。

以长江为界，长江沿岸及以南为南派，以上海为代表，也称海派，海派玉雕以"精作"闻名，其雕工细腻、造型严谨；北派则是以北京玉雕为代表，其雕工精湛细腻，造型雄浑厚重，端庄典雅，具有典型宫廷艺术的风格。

扬州虽然不产玉石，但扬州玉雕也大都采用多种优质的玉石材料制成。江苏的水晶，湖北的绿苗、松耳石，辽宁的岫玉、玛瑙、黄玉，广东的南方玉及巴西的玉石，缅甸的翡翠，阿富汗的青金石，加拿大的碧玉和日本的珊瑚等通过扬州便利的交通汇聚于此，造就了扬州玉雕发展的独特条件。扬州玉雕集阴线刻、立体圆雕、深浅浮雕、镂空雕等多种技法于一体，兼具"南方之秀"与"北方之雄"，形成其独特的艺术魅力。

腾飞・岫玉

尺　　寸　20厘米×30厘米×7厘米

鉴石要点　前蹄腾空的奔马，姿态俊美挺拔，气宇轩昂。马是生财旺财的象征，有捷足先登，马到成功之说。常摆在办公桌或者置放于书架上，寓意能催官运、招贵气。

马到成功·岫玉

尺　　寸 27厘米×8厘米×28厘米

鉴石要点 此款雕件采用岫玉巧雕而成，精心巧雕的骏马生动大气，作品中精心巧雕奔腾中的两匹骏马，奔马身躯浑圆雄劲，仰天长嘶，鬃毛飘洒，长尾飞舞，以排山倒海之势飞奔而来，有马到成功之美好寓意。雕师以娴熟精深的技巧，把奔马所具有的力量和速度融合成充沛流动的气韵，并浑然一体地贯注在昂扬的马首、流线型的身躯和四条刚劲的马腿上，达到了“形神兼备、气韵生动、形妙而有壮气”的完美境界。

金玉满堂长命富贵鱼缸·岫玉（局部）

岫玉由于大块的料较多，所以非常适合雕刻。岫玉雕属于北方流派，明显受到北京、山东、河北、河南玉器的影响。早在明清之际，就曾经有大批北京、山东、河北、河南的玉雕艺人慕名而来，其中有的曾是宫廷玉匠。

新中国成立后，为复兴岫玉，党和政府又从北京、河北等地聘请了一大批玉雕老艺人到岫岩带徒授艺，因而，岫玉雕受京作影响尤深。

雕工技法的特点

岫玉雕长时期受到地方民族民间文化的滋润，吸收了地方民间本刻、石雕、泥塑、刺绣、剪纸、影人、彩绘艺术等方面的精髓，融合渗透，逐渐形成了具有浓厚地方特点的艺术风格。

做工上以立体圆雕、浮雕为主，辅以线刻、镂雕、透雕，有勾花、勾撤花、顶撞花等精做工法。尤以擅用剜脏去绺、因材施艺、巧用俏色而见长。

其艺术造型甚多，如炉、瓶、薰、鼎、人物、动物、花鸟、顶饰、耳饰、项饰、手镯、文具等很丰富，并畅销国内外。特别是其中的大件、特大件玉器，一向引人注目。

金玉满堂长命富贵鱼缸·岫玉

尺　　寸 115厘米×65厘米×72厘米

鉴石要点 此作品采用天然岫玉精雕而成，色泽深绿，圆润，无杂质。金鱼在民间寓意金玉满堂、吉祥幸福，《老子》九章中称：“金玉满堂，莫之能守。”意为财富极多。

岫玉雕刻创意过程全知道

一般来说，岫玉雕刻作品的创作过程大致可按照相料——设形——治形——传神的顺序进行，即情景交融创造意境的过程。

相料

第一步，相料。相，即看。雕刻圈里有一句老话，“一相能抵九日功”。相料是一个融境的过程，因为每一块玉石都有自己特有的定性，有自己的大小、形状、颜色、透明度、裂绺等特征，这些特征就是一幅未经人工雕琢的天然风景画，这时作者面临的一项重要工作就是发现其中的美点，并通过心灵的加工，即联想和想象等心理过程对景物进行取舍而组织成一幅新的图画。

福禄寿·岫玉（局部）

设形

第二步，设形。设形是相料的继续，通过相料，创作者形成了一幅朦胧的图画，确定了大致要表现的主题，如人物题材、花鸟题材、香炉器皿等。设形就是要将这种朦胧未现的图画用笔绘在玉石材料上或纸上，使其由隐到显，这是玉雕创作的关键所在，是一个重要的过程。这一过程往往要经过很长时间才能确定。因为雕刻艺术是破坏性的，只能去料，不能填料，所以必须慎之又慎，在没有形成一幅有意境的图画之前是不能轻易开琢的。

治形

第三步，治形。治形是玉雕创作的实质性阶段，即通过铡、錾、标、扣、划、冲、轧、钻等技术手段使玉石材料逐步变成一幅理想的立体雕塑形态。

传神

第四步，传神。传神在玉雕创作工艺中称为精细修饰，是使作品增添神采的过程，在需要对人物的面部表情、眼皮、服饰花纹，鸟兽的眼睛、毛发、爪尖、嘴角等最能传达神韵的部位进行逼真的刻画。

福禄寿·岫玉

尺　寸　22厘米×40厘米×10厘米

鉴石要点　此摆件采用岫玉精雕细琢而成，整体浑然天成，栩栩如生，玉石质地温润，色泽翠绿，极具厚重感和审美价值。

岫玉玉雕的鉴赏

岫玉雕刻的题材十分广泛，表现的内容丰富多彩，千姿百态，从自然到社会，从历史到现实，从神话到生活，林林总总，可谓无所不雕。在造型上深厚古朴而又不失典雅，严谨统一而又极富变化，可谓形神兼备，极富生气。在鉴赏岫玉雕件的时候，可从材料、器形、纹饰、雕工着手。

材料

玉料的优劣直接关系到玉器的价值高低。岫玉的质地细腻致密，呈油脂光泽，玉质纯净，明显的杂质较少。常见的杂质为铁质和石墨。铁质呈褐色或褐黑色，多分布于绺裂处，肉眼可辨。石墨呈黑色，呈星点状、集合状，或云雾状、条带状等。不同品种的岫玉料，其自然特性和经济价值也有差别。

器型

器型决定了玉器的收藏价值。历史上各个时期的审美标准不尽相同，器型也丰富多彩。

新石器时代的玉器造型比较简单，如玉斧、玉铲、玉琮、玉珠等；商周时期，玉器中的礼器进入鼎盛时期，如玉璧、玉琮、玉璜、玉圭等，玉饰开始增多，玉制工艺品也开始出现；春秋战国时期，和田玉器大量增加，玉礼器减少，开始出现新的器

渔家乐·岫岩花玉

尺　寸　20厘米×31厘米

鉴石要点　玉质微透明，温润，色淡雅，油性光泽浓郁，通体闪烁着淡雅光泽。

龙龟如意·岫玉

尺　　寸　25厘米×5厘米×9厘米

鉴石要点　此款雕件龙龟如意，雕龙头，大眼、阔鼻、双眉上卷。下雕龟身，寓意吉祥如意。

型，如玉龙佩、玉虎佩等。

秦汉、魏晋南北朝时期具有代表性的玉器器型包括玉镯、玉环、玉玺、玉带钩等；隋唐时期的玉器器型有玉笄、玉钗、玉梳、玉步摇、玉玦、玉璧、玉戒指、玉耳坠等饰品，玉带板、玉册等礼器，以及玉炉、玉碗等日用品；宋、金、辽时期的玉器器型变化不大，宋代仿古玉器成风。

元代的玉器器型与宋代相左，玉饰中出现了玉嵌饰、玉帽顶等新造型；明代玉器器型种类繁多，有玉礼器、玉陈设、玉文房用品等，出现的新玉器器型包括云形饰件、花形玉佩、方形玉牌等；清代的玉器器型更为丰富，出现了大型玉山子、玉插屏等摆件。

现代的岫玉玉雕器形基本在继承过去的基础上又有创新，融入了现代的因素，作品更多的为装饰玉器，即陈设用玉、佩饰用玉两大类。大多用于自己欣赏或馈赠亲朋好友，玉雕作品受到了越来越多人的喜爱，不仅成为装饰室内、美化自己的新时尚，也受到收藏人士的青睐。

纹饰

纹饰是玉器表面最直观的装饰，无论是动物纹、花卉纹还是文字，都反映出一定的时代特征。新石器时代的玉器纹饰较简单、朴素；商周时期的纹样多抽象、简洁；春秋战国时期的纹饰多对称排列；秦汉、魏晋时期的纹饰比之前有所变化，打破了过去对称的布局；隋唐时期的纹饰开始多样化，出现了莲瓣纹、云纹、狮纹等；宋、辽、金时期的纹饰中花鸟纹增多，仿古纹样也比较流行；元代玉器的纹饰富有生活气息；明清时期的纹饰题材变得广泛，花样繁多。

龙带钩·岫玉

尺　　寸　34厘米×6厘米×9厘米

鉴石要点　玉质细腻油润，雕工精美寓意好。

工艺

玉器工艺的高低直接决定了玉器收藏价值和鉴赏价值。早在远古时期，先民们就已经掌握了玉器的切、割、凿、挖、钻、磨、抛光等技术。商周时期，玉器制作工艺已较为成熟，到了两汉，制玉工艺达到了炉火纯青的地步，清代玉器制作更是达到了登峰造极的程度，工艺手法多种多样，如线刻、浮雕、圆雕、镂雕、俏色巧作、嵌金银丝嵌珠宝等。

近几年随着玉料价格飞速上涨，使玉器制作成本骤然提升，制玉工艺师也缺少了那种“慢工出细活”的工作态度，往往是急于求成，重量而轻质。所以在鉴赏玉雕的时候，一定要仔细观察工艺细节，不要被皮、色迷惑。

龙腾盛世·岫玉

尺　　寸 35厘米×40厘米×20厘米

鉴石要点 龙迎旭日东升，让灿烂的阳光普照大地。龙体弯长，珠形滚圆，在构图上也具有一种美感。借用古代的繁荣之意，表达生活水平高、百姓安居乐业、经济繁荣的景象。

吉祥如意·岫岩飘蓝花玉（正背）

尺　　寸 22厘米×40厘米×9厘米

鉴石要点 作品工艺精湛，更有马踏江山之气魄，是成功的象征，配以如意相伴，更赋予吉祥如意的寓意。

岫玉真伪的鉴别技法

在市场上能成为岫玉仿制品的主要有玻璃、玉髓、大理石等。黄绿色的玻璃从表面上看易与岫玉相混，但仔细观察后，就会发现玻璃制品的光泽较强，硬度较大，断口为贝壳状，内部经常会观察到气泡，而真正的岫玉则没有这些特征。

近似玉的辨别

玉髓的硬度一般要大于岫玉，颜色均匀且单一，而岫玉的颜色与玉髓相比要较为丰富些。另外，还有一种淡黄绿色的大理石与岫玉外表极为相似，一不小心就会掉入“表象”的陷阱，这种大理石俗称“巴基斯坦玉”，通过仔细观察会发现它的结构和颜色呈层状，遇到酸会起泡，而岫玉则不会。

作伪手法的鉴别

还有的作伪方法是将玉粉通过热压成型做成压块，其特点就是没有光泽没有絮状绵绺，也没有透明度，颜色均一，玉质浑浊，而且易碎，缺少天然玉器的美感。

兰花·岫玉

尺　　寸　29厘米×36厘米

鉴石要点　整体造型厚重大方，采用镂空雕法，繁而有序，古朴舒美，精湛的雕工将岫玉本身的美感烘托得愈发强烈。

马上封侯·岫玉

尺　　寸　20厘米×33厘米×14厘米

鉴石要点　由猴子、骏马组图。“猴”与“侯”同音双关，猴子骑于马上，“马上”为立刻之意。寓意功名指日可待。玉颜色匀净、质地细腻，巧色雕琢更显画面富有生动的情趣，作品构图严谨、刀法细腻、造型准确、线条流畅。

弥勒佛·岫玉

尺　　寸　20厘米×28厘米

鉴石要点　弥勒大耳垂肩，面带笑容，袒胸露乳，大腹便便，其形象生动，憨态可掬。

福禄寿·岫岩花玉

尺　　寸 16厘米×24厘米

鉴石要点 玉质微透明，温润，色淡雅，油性光泽浓郁，巧雕灵芝、元宝、金蟾等题材，寓意财源广进。

岫玉与翡翠的鉴别技巧

岫玉最大的特点是硬度明显低于翡翠。同时，岫玉具有明显的油脂光泽或蜡状光泽，而翡翠则为玻璃光泽或珍珠光泽，所以从这两点可以与翡翠相区别。

金玉满堂·岫玉

尺　　寸　32厘米×30厘米

鉴石要点　此款作品巧用天然独玉精心巧雕而成，质地坚密，玉质细腻，主题突出，色泽清新自然，俏色运用合理生动，雕刻完整大气。作品精心设计，巧妙施工，精心巧雕成金鱼。寓意金玉满堂，摆放在家中趣味极足，极具观赏价值。

密度的区别

岫玉的密度（2.5～2.8）比较低，所以重量比较轻，且内部一般包含有铬铁矿、硫铁矿等硫化物的包裹体。其硬度（2.5～5.5）也比较低，所以有的人试验拿玉划玻璃，用硬度识别是翡翠还是岫玉，但是岫岩县产的岫玉有的硬度达到5.5以上，也能划动玻璃，所以对此要加以区分。

折光率的区别

岫玉的平均折光率1.54～1.55，也比翡翠低，翡翠硬度和致密度都很高，因此反射光很强，呈现玻璃光泽，有可能因为翡翠的种水的不同而玻璃光泽有强弱之分，但其反映出的还是玻璃光泽。而岫玉的光泽则显得相对柔弱许多，甚至显得有些暗哑模糊，没有翡翠光泽的刚硬爽朗，接近于硬度较高的有机塑料的表面光泽。如果条件允许，只要进行折射率和密度的测试，可以很快鉴别出来。

透明度的区别

大多数的岫玉透明度都比较高，淡淡的均匀的绿色或黄绿色与翡翠并不相像，倒是质量较差的白、绿两色的花岫玉透明度差，与低档翡翠有些相似。岫玉的结构细腻，在

白菜手把件·翡翠

尺　寸 10厘米×8厘米

鉴石要点 白菜的寓意很多，白菜的谐音为百财，所以白菜有纳百财的说法，在玉器行业内是十分受欢迎的一种题材，因为寓意很好，所以是朋友亲人之间相互馈赠的常见礼品。

显微镜下也难看到粒状结构，所以在此类玉器的表面没有翡翠的橘皮效应、翠性等。其质地细腻程度和翡翠中的老坑玻璃种相当，但是，老坑玻璃种翡翠抛光后呈玻璃光泽、镜面光泽，岫玉常呈蜡状至油脂光泽，光泽较暗。

矿物含量的区别

翡翠与岫玉的区别还体现在两者的组成矿物的不同。翡翠的主要组成矿物为硬玉，硬玉晶体为纤维状或柱状，硬玉晶体以交织状组合在一起，具有翡翠特有的“翠性”特征，而岫玉主要成分是层状含水镁质碳酸盐矿物，一般以脉状、片状、碎裂状结构组合在一起，没有翡翠特有的“翠性”。翡翠的晶体大小变化很大，有些非常小，如玻璃种翡翠，有些很大，如豆种翡翠。而岫玉的矿物晶体非常细小，断口处可见片状或纤维状的定向生长结构。

弥勒佛挂坠·玻璃种翡翠

尺　　寸　3.1厘米×4.7厘米

鉴石要点　质地似玻璃、水晶那样清澈、晶莹透明的翡翠被称为玻璃种翡翠。它是种纯净度很高，其结晶颗粒细微到隐晶的聚合体，致密而坚实，抛光呈玻璃面，可以看到它侧方泛出微微带有点绿头感或蓝味的荧光。雕刻满腹欢喜的弥勒佛，寓意开心常在、笑口常开。

弥勒佛挂坠·翡翠

尺　寸 5厘米×8厘米

鉴石要点 此款弥勒佛弯眉笑眼，神态生动，一手持一颗大佛珠，佛是平安、吉祥、宽容的象征，表达了人们快乐无忧、笑口常开的愿望。

吉祥如意摆件·岫玉

尺　寸 50厘米×30厘米×20厘米

鉴石要点 雕工精美，栩栩如生；线条简洁流畅自然，刀工纯熟有力，带给人一种十足的灵韵之感，叫人爱不释手。

瑞兽瓶·翡翠

尺　　寸 17厘米×17厘米×17厘米

海底世界摆件·翡翠

尺　　寸 25厘米×18厘米×11厘米

鉴石要点 9条鱼，雕件寓意深刻，象征如鱼得水，鱼的灵活自由，表现了人们对工作和生活和谐美满、幸福自在的向往。

岫玉与和田玉的鉴别技巧

产于岫岩县细玉沟的河磨玉与和田玉外观非常相似，也有的商家在利益的驱使下，用岫玉仿冒和田碧玉。在鉴别和田玉与岫玉的时候，可通过重量、硬度、光泽等要素进行。

重量分辨

岫玉的密度为2.45～2.48克/厘米，和田玉的密度为2.66～3.11克/立方厘米，和田玉的密度要比岫玉的大，所以在体积相同的情况下，和田玉更为压手。

硬度分辨

岫玉的摩氏硬度为4.8～5.5度，和田玉的硬度在6.5～7度之间，所以岫玉通常可以被小刀划动，而和田玉则不行。

天鹅・和田玉

尺　　寸　11.5厘米×9厘米×3.5厘米

鉴石要点　雕工精美，寓意吉祥，油性和密度好，玉质细腻、缜密，手感温润。

光泽分辨

和田玉的成分为95%以上的透闪石，而富有油性就是透闪石的特征之一，属于油脂的光泽，而岫玉大多为蛇纹石，呈现出的多是蜡状的光泽。

颜色分辨

岫玉的颜色相较于和田玉丰富，而和田玉的颜色比较单一。

透明度分辨

和田玉虽然质地好，但其大都是半透明，而岫玉透明度比和田玉要好得多。岫玉从背面甚至能看清正面的轮廓，而和田玉却没有这种效果。

包裹物分辨

用强光手电照射，和田玉的内部呈现的是纤维交织结构状，内部包裹物多为小棉点或棉团、黑点等，而岫玉内部呈纤维鳞片变晶状结构，包裹体多为云雾状。

观音·岫玉

尺　寸 30厘米×60厘米×16厘米

鉴石要点 观音足踏莲花，端立莲台之上，左手执珠，右手持莲，安逸祥和，通体紫气祥瑞、佛光普照，真可谓“九品莲台安足下，心中一善印万川”。

岫玉的收藏和保养

岫玉的硬度不高，易受硬物的磨损，所以，无论使用或收藏都切忌与硬物接触。另外，岫玉在韧性上也不及软玉和翡翠，相对易折断，应谨防跌落。

三脚金蟾·岫玉

尺　　寸 48厘米×45厘米×40厘米

鉴石要点 三脚金蟾所居之地，都是聚财之宝地，宅内摆放金蟾，有吸财、吐财、聚财、镇财的作用，是最能旺财运的吉祥物。

防震动

收藏时宜用软布或其他柔软物包裹，置于可固定位置的盒内，防止因震动而使其发生破裂。

防高温

岫玉因主要组成矿物——蛇纹石是一种含有羟基根的层状硅酸盐；此外，蛇纹石玉中常见的杂质矿物——滑石、水镁石、绿泥石等也都含有不同数量的羟基根。羟基根在矿物学中也被称为结构水。大量的实验研究证明，这种结构水不能耐受高温的烘烤，一般温度达到300～900℃时，它就会变成水汽逸失，使晶体的晶格瓦解。所以，岫玉制品的收藏一定要注意避免高温。

防光照

长期的灯光或阳光的照射对岫玉十分不利。如果由于陈列的需要不可避免灯光照射，可在制品边上置一杯水，以增加周围环境的湿度，达到缓解结构水丢失的目的。

龙纹玉壶·岫玉

尺　　寸 20厘米×24厘米×15厘米

鉴石要点 玉壶归类于器皿，摆在案头或置于架上，可供观赏。此壶小巧玲珑，赏心悦目，宜于把玩；用它来斟茶品酒，那是再雅致不过了，因此也算是一件实用器。

弯弯顺·岫玉

尺　　寸 26厘米×28厘米

鉴石要点 虾的造型寓意“弯弯顺”，也代表活力十足，节节高升。

中国各地的岫玉特点

由蛇纹岩形成的岫玉，在中国各地不少地方均有产出，除了辽宁岫岩县出产外，其他地方也有产出，具体品种如下。

南方岫玉： 主要产地在金垌镇泗流村，故又称“信宜玉”、“南方玉”。颜色有黄绿、青绿、黑色等多种，外观不透明，有的呈浓艳的黄色和绿色斑块。

酒泉岫玉： 主要产地在甘肃酒泉地区，也称“酒泉玉”、“祁连玉”，是一种含黑色斑点和不规则黑色团块的暗绿色致密块状蛇纹岩。

陆川岫玉： 产地在广西陆川县，也称“陆川玉”，主要有两个品种：一种为带浅白色花纹的翠绿色至深绿色，微透明至半透明的较纯蛇纹石玉；另一种为青白至白色．具丝绢光泽、微透明的透闪石蛇纹石玉。

昆仑岫玉： 产地在新疆的昆仑山和阿尔金山上，也称“昆仑玉”，质地细腻、蜡状光泽，其玉质与辽宁岫玉很相似。摩氏硬度3.5度，颜色丰富，有暗绿色、淡绿色、黄绿色、灰色、白色等。

会理岫玉： 产地在四川省会理县，也称“会理玉”、“青菜玉”、“五彩玉”，色有深绿、绿、浅绿、黄绿、灰绿，部分杂黄褐、棕褐、暗红、蜡黄、白、黄白、绿白、灰白、黑等色，质地致密细腻坚韧，有冰花、水纹，杂质含量少，透明度高。

云南岫玉： 产地在云南的武定、东川、景东、牟定、苍山等地。矿物组成主要以蛇纹岩为主，常含绿泥石，矿石多呈绿色、黄绿色，

莒南岫玉： 产地在山东省莒南县，也称“莒南玉”，是一种黑色或黑绿色的块状蛇纹岩，质地细腻，常用于雕刻工艺品。

京黄岫玉： 产地在北京十三陵老君堂，也叫“京黄玉”，是一种黄色、淡黄色或柠檬黄色的蛇纹岩。

都兰岫玉： 产地在青海省都兰县，是一种具竹叶花纹的块状蛇纹岩，所以也称“竹叶玉”，色泽丰富但多呈呆滞光泽。

台湾岫玉： 产于台湾省花莲县，也称“台湾玉”，其内常含有铬铁矿、铬尖晶石、磁铁矿、石榴石、绿泥石等矿物包裹体，颜色有草绿色、暗绿色，常有一些黑色斑和条纹，半透明，油脂光泽，玉质较好。

如何看珠宝玉石的鉴定证书

一、看证书标志。国家对珠宝玉石质量鉴定机构有严格的资格认定，只有通过认定，颁发的鉴定证书才有效。

珠宝玉石鉴定证书上具有CMA字样图案或CAL、CNAS，这些图案中的任意一个都有效。

1.“CMA”是中国计量认证/认可（China Metrology Accreditation）的英文缩写，是根据中华人民共和国计量法的规定，由省级以上人民政府计量行政部门对检测机构的检测能力及可靠性进行的一种全面的认证及评价。有“CMA”标记的检验报告可用于产品质量评价、成果及司法鉴定，具有法律效力。

2.“CAL”是中国考核合格检验实验室（China Accredited Laboratory）的英文缩写，是审查认可、授权标志。是国家实施的一项针对承担监督检验、仲裁检验任务的各级质量技术监督部门所属的质检机构和授权的国家、省级质检中心、质检站的一项行政审批制度。具有此标识的鉴定证书具有权威性并具法律效力。

“CMA”和“CAL”标志下都标注了该实验室通过的认证编号。

3.CNAS：中国合格评定国家认可委员会（China National Accreditation Service for Conformity Assessment）的英文缩写，是实验室经过国家认可标志。使用CNAS标志，表明实验室或认证、检查机构通过了中国合格评定国家认可委员会的相关认可。

二、看检测内容：包括饰品名称、颜色、净度、总质量、密度、折射率等项目，国家认证的珠宝玉石检测机构对这些项目检验都非常严格。检验证书是每一个产品唯一的身份证明文件，检查证书的时候要看样品的照片、标签上的重量和证书上的重量、饰品的外观与描述是否一一对应。有些情况下，由于珠宝首饰款式雷同，照片特征相似，难以区分。这种时候，精确的重量就是另外一个可以验证的有效数据。

三、看鉴定者签名：鉴定证书需两个鉴定师签字确认才有效。一个是鉴定者，另一个是校核者。

四、看印章：证书上面盖有钢印，且字体可以清楚辨认。

五、看编号：鉴定证书背面有证书的编号，要与实物背面所贴的编号一致。

六、看检验依据：宝玉石证书的出具，大多依据3项国家标准：GB/T16552-2010《珠宝玉石名称》；GB/T16553-2010《珠宝玉石鉴定》、GB/T16554-2010《钻石分级》，如果在证书上还看到了GB/T18043-2008和GB11887就说明所检测的饰品含有贵金属。

七、证书的来源，一般证书上都有各实验室的名称、地址及联系电话，消费者可以打电话查询证书上的内容。还有的可以通过网站查询或短信查询，如果是真的证书通过编号可以用短信或网站查询到证书上的内容。

中国各地宝玉石与观赏石分布表

省份	宝玉石
北京	汉白玉、轩辕石、金海石、燕山石、房山太湖石、京西菊花石、木化石、上水石、京密石
河北	玛瑙、唐尧石、兴隆菊花石、涞水云纹石、千层石、上水石、邢石、沧州石
河南	独山玉、密玉、虎睛石、梅花雨、玛瑙、河洛石、洛阳牡丹石、黄河日月石、恐龙蛋化石、嵩山画石、灵钼石、天黄石、雪花石、虢石、汝州石、上水石、木变石、浮光石、花蕊石、灵青石、黄磬石、伊水石、林虑石、相州石、白马寺石、方城石、模树石
山西	历山梅花石、大寨石、垣曲石、河曲黄河石、临县黄河石、绛州石、石州石、上水石、乌石
山东	泰山玉、长岛球石、崂山绿石、竹叶石、临朐紫金石、淄博文石、临朐太湖怪石、沂蒙青石、娑罗绿石、红花石、彩霞石、冰雪石、彩云石、金刚石、杏山石、艾山石、黄花石、绿花石、天景石、龟纹石、红丝石、临朐彩石、徐公石、莱州石、青州石、金钱石、木纹石、北海石、阳起石、燕子石、枣花石、细白石、上水石、沂山石、木鱼石、旋花石、济南青石、临朐青石、龟石、土玛瑙、弹子涡石、松石、鱼石、文石、泰黄石、乌刚石、蒙阴绿石、济南绿石、连理石、兖州石、峄山石、袭庆石、密石、登州石
内蒙古	玛瑙石、巴林石、戈壁石、水晶、佘太翠、德岭红玉石
辽宁	岫玉、玛瑙石、琥珀、金刚石、锦川石、宽甸石、绿冻石、太子河石、龙珠石、石鱼
吉林	松花石、长白玉、橄榄石、安绿石、松风石、水浮石、玛瑙石
黑龙江	火山弹、逊克玛瑙石、方正彩石、江石
陕西	汉江石、汉江金钱石、嘉陵江石、黑河石、汉中香石、洛河源头石、秦岭石、泾河石、菊花石、陕西石菊、略阳五花石、梁山石燕、汉中金带石、汉中竹叶石、蓝田玉、石笋、石鱼、平泉石、虎睛石
甘肃	兰州石、庞公石、风砺石、酒泉玉石、甸山太湖石、噶巴石、黄蜡石、阶石、通远石、巩石、洮河石、洮河绿石
宁夏	宁夏黄河石、贺兰石、玛瑙石、戈壁石、集骨石、水晶
青海	白玉、昆仑玉、岫玉、柴达木玉、墨绿玉、都蓝玉、河源石、江源石、丹麻石、青海星辰石、青海桃花石、松多石、昆仑风砺石、湟水石、彩卵石、黑白彩石
新疆	和田玉、玛瑙、碧玉、碧玺、额河石、玛河石、戈壁泥石、塔格石、和田石、于阗石、乌尔禾卵石、梅花石、锂蓝闪石、菊花石、水晶、大漠石、硅化木
西藏	天珠、菊石、红玉髓、玛瑙、碧玺、仁布玉石、果日阿玉石、象牙玉石、紫水晶
云南	红宝石、碧玺、碧玉、绿松石、水晶、黄龙玉、树化玉、黄蜡玉、云南金沙江石、怒江石、澜沧江石、大理石、云南石胆、水富玛瑙石、锡石、乌蒙山石、绥江卵石、斜长石、菊花石
贵州	贵州青、乌江石、紫袍玉带石、盘江石、马场石、清水江绿石、黔太湖石、黔墨石、朱砂石、红梅石、黑麻石、夜郎铜石、国画石、贵翠

四川	四川绿泥石、泸州空石、涪江石、泸州画石、泸州浮雕石、长江星辰石、长江石、岷江石、四川金沙江石、泸州雨花石、纳溪文石、葡萄石、西蜀石、菩萨石、青衣江卵石、松林石、三峡石、中江花石、千层石、川石、石笋石、墨石、大渡河石、永康石、菜叶石
重庆	夔门千层石、龙骨石、重庆花卵石、重庆乌江石、龟纹石、溶洞石、宁河石、海宝玉、长江卵石
湖南	武陵穿孔石、武陵龙骨石、武陵石、渠水石、安化奇石、浏阳菊花石、桃源石、桃花石、道州石、江华石、龟纹石、耒阳碧彩石、湖南水冲彩硅石、梅花石、石燕、辰砂、金刚石、里耶白水石、九嶷山杨梅石、黄蜡石、彩硅石、郴州方解石、澧州石、耒阳石、钟乳石、石鱼石、燕子石、上水石、墨晶石、渫水石、邵石、永州石、祈阁石、辰州石、祁阳石、花鹊石、花石、衡州石、龙牙石
湖北	襄阳石、汉江石、汉江水墨石、黄石孔雀石、玛瑙石、清江云锦石、湖北菊花石、三峡石、黄州石、堵河石、荆山类太湖石、南河石、震旦角石、青龙山恐龙蛋、绿松石、松滋石、石棋子、穿天石、香溪石、龙马石、丰宝石、雷石、大沱石、石燕、渔洋石、绿松石
安徽	绿松石、菜花玉、凤阳玉、墨玉、灵璧石、景文石、紫金石、褚兰石、巢湖石、宣石、无为军石、泗州石
江西	东陵玉、绿纹玉、龟纹玉、珊瑚玉、翠玉、碧玉、墨玉、萤玉、芙蓉石和玛瑙、庐山菊花石、潦河石、永丰菊花石、彩纹石、雪花石、钟山石、江州石、石笋石、上犹石、南安石、树化石、袁石、袁州石、芦溪石、吉州石、何君石、蜀潭石、洪岩石、萍乡石、石绿、龙尾石、罗纹石、修口石、吉州石（砚石）、玉山石、分宜石
广西	化石、马安彩陶石、八步蜡石、柳州草花石、柳州墨石、三江彩卵石、三江黄蜡石、来宾水冲石、石胆、百色彩玉石、天峨卵石、邕江石、浔江石、运江石、大湾石、灵山花石、柳州彩霞石、钟山黄蜡石、广西菊花石、幽兰石、类太湖石、空心石、藻卵石、桂平太湖石、黑珍珠石、卷纹石、钟乳石、桂川石、石梅、石柏、融石、马山石、恭城墨石、叠层石、木纹石、来宾石、桂林石、武宣石、象江怪石、全州石、柳砚石、陆川玉
广东	广绿玉、宜信玉、孔雀石、英石、潮州蜡石、台山蜡石、阳春孔雀石、花都菊花石、河源菊石、彩硅石、石骨石、青石、乐昌青花石、乳源彩石、韶石、桃花石、钟乳石、清溪石、端石
江苏	太湖石、昆石、雨花石、栖霞石、黄太湖石、溧阳石、吕梁石、徐州菊花石、岘山石、茅山石、宜兴石、龙潭石、青龙山石、玛瑙石、宜兴锦川石、石笋、竹叶石、湖山石、涟水怪石、斧劈石、镇江石、水晶
浙江	青田石、昌化鸡血石、水冲硅化木、新昌黄蜡石、宁海蜡石、瓯江石、弁山太湖石、金华松石、桃花石、天竺石、武康石、常山石、仙居木鱼石、石笋石、常山假山石、萧山石、永康鱼化石、宝华石、金华石、数珠石、紫石、千层石、石树、思石、涵碧石、临安石、奉化石、方华石、琅玕石、杭石、越石、青溪石、西石、开化石、华严石、排衙石
福建	九龙璧、寿山石、莆田蜡石、怀安石、将乐石、建州石、南剑石、珊瑚
海南	孔雀石、黄蜡石、陨石、卷纹石、黑卵石、七彩石、水晶
台湾	龟甲石、油罗溪石、绿泥石、台东西瓜石、澎湖黑石、玫瑰石、关西黑石、花莲金瓜石、埔里黑胆石、高雄砂积石、硬砂岩、铁丸石、龙纹石、风棱石、鳖溪黑石、蜂巢石、澎湖文石、石心石、图案石、冬山石、黑奇石、猫公石、云母石、红石、竹叶石、风化石、青石、梨皮石、铁钉石、试金石、河蜡石、黄褐铁石、玉彩石、鱼卵石、海胆化石、菊花石、红碧玉、蓝玉髓、东海岸玉石、台湾玉、花鹿石、蛤蟆皮石、台东黑石、橄榄石、玛瑙石、水晶、珊瑚
香港	千层石

行家这样选四大奇石

青金石、琥珀、战国红、岫玉投资与鉴藏

主要参考文献

杨汉臣等，新疆宝石和玉石，新疆人民出版社，1985年

周国平：《宝石学》，中国地质大学出版社，1989年

李兆聪：《宝玉石鉴定法》，地质出版社，1991年

邓燕华：《中国宝玉石矿床》，北京工业大学出版社，1991年

郭守国：《珠宝玉石》，上海书店出版社，2001年

李英豪：《蜜蜡·琥珀》，博益出版公司，2003年

国家珠宝玉石质量监督检验中心：《中华人民共和国国家标准GB/16552-2003珠宝玉石名称》，中国标准出版社，2003年

国家珠宝玉石质量监督检验中心：《国家标准释义》，中国标准出版社，2004年

才文博，田军：《玛瑙的分类》，中国非金属矿工业导刊第2期，2004年

张培莉等：《系统宝石学》，地质出版社，2006年

李时珍：《本草纲目》，中国国际广播音像出版社，2006年

崔文元，吴国忠：《珠宝玉石学GAC教程》，地质出版社，2006年

陈瑜：《蜜蜡》，春风文艺出版社，2007年

王时麒：《中国岫岩玉》，科学出版社，2007年

肖秀梅：《琥珀图鉴:琥珀鉴赏与选购》，化学工业出版社，2010年

黄作良：《宝石学》，天津大学出版社，2010年

刘国祥，邓聪：《玉根国脉:一.2011“岫岩玉与中国玉文化学术研讨会”文集》，科学出版社，2011年

孙正军：《玛瑙先生谈玛瑙》，羊城晚报出版社，2011年

《鉴石天下》编委会：《行家这样买转运奇石:转运石收藏全知道》，青岛出版社，2013年